Widmung

Ich widme dieses Buch
besonders denjenigen darin erwähnten Personen,
deren sonst keiner ehrend gedenkt

WINFRIED PROST

Aus Partituren des Schicksals

Schicksale und Krankheiten tiefenpsychologisch gedeutet

Akademie
für Ganzheitliche Führung
Dr. Winfried Prost
Hauptstraße 247 D - 51143 Köln
0049 (0)2203 - 297580
email: kontakt@winfried-prost.de

Herstellung: Books on Demand GmbH
ISBN 3-00-008475-4

Inhalt

Vorwort

Für meine Arbeit als Seminarleiter und Berater habe ich mir die Aufgabe gestellt, die Probleme der Menschen, die zu mir kommen, nicht oberflächlich auf der Symptomebene zu bearbeiten, sondern an ihren Ursachen. Um das leisten zu können, habe ich die Teilnehmerzahl in meinen Seminaren auf höchstens acht Personen begrenzt und führe mit jedem mindestens ein Einzelgespräch unter vier Augen, meistens sogar zwei. Bei meinem Bemühen, jeden Menschen in all seinen Dimensionen ganzheitlich zu sehen, habe ich im Lauf der Jahre Einblick in manche Schicksalszusammenhänge bekommen, von denen ich hier berichten will.

Zum einen war es mir ein Anliegen, mancher Menschen, die ein besonders schweres Schicksal zu tragen hatten, und die dafür von anderen Menschen oft sogar noch verachtet wurden, hier einmal ehrend zu gedenken und sie zu würdigen.

Zum anderen will ich anhand dieser Schicksale und ihrer Deutungen beispielhaft eine Art zu denken zeigen, die es ermöglicht, sich selbst und andere Menschen neu und besser zu verstehen.

Wenn ich in meiner Beratungstätigkeit bei einem Menschen auffällige Verhaltensweisen oder Symptome wahrnehme, versuche ich nicht, diese zu beseitigen, sondern forsche nach Hintergründen und Ursachen. Dabei zeigen sich dann oft Zusammenhänge mit unverarbeiteten alten schmerzlichen Ereignissen, die viel weiter in die Vergangenheit zurückreichen, als ich vor wenigen Jahren selbst noch anzunehmen gewagt hätte. Vor allem sind sie den Betroffenen meistens nicht bewusst.

Die methodische Bearbeitung solcher Altlasten hat sich allerdings für die Entschärfung mancher ansonsten hartnäckiger Gegenwartsprobleme als höchst effektiv erwiesen und das gibt der hier vorgestellten Betrachtungsweise Gewicht.

Die Schicksalsberichte habe ich in den vergangenen sieben Jahren fast immer sehr zeitnah zu den Begegnungen mit den betreffenden Menschen niedergeschrieben. Sie sind im Stil und in der Stimmung recht unterschiedlich und spiegeln zum Teil auch meine persönliche Anteilnahme wider. Ich habe mir überlegt, ob ich sie für dieses eher psychologisch gemeinte Buch in eine nüchternere Form umschreiben solle und habe mich dagegen entschieden. Manches hat einen Teil seiner Authentizität genau darin, dass es mich zu dieser oder jener Form bewegt hat. Anderes mag auch dadurch an Struktur und Klarheit gewonnen haben, dass ich es bei knapper Zeit nur kurz in seinen Grundstrukturen und wichtigsten Gehalten aufgeschrieben habe.

Aus der Not, dass ich vielen Menschen begegne, denen die durch dieses Buch vermittelte Sichtweise und Geisteshaltung helfen könnte, sich selbst und ihr Schicksal oder das ihrer Weggefährten mit anderen Augen, aus neuen Perspektiven und in größeren Zusammenhängen zu verstehen, fühle ich mich gedrängt, es zügig in einer ersten Fassung abzuschließen und aus der Hand zu geben.

Um sich mit der hier praktizierten Sichtweise und Denkhaltung vertraut zu machen, ist es sinnvoll, dieses Buch zusammenhängend zu lesen. Ich glaube versprechen zu können, dass die Schicksalsberichte großenteils bewegend und spannend, so wie in ihrer Deutung für Sie als Leser neu sein werden.

Sie können dieses Buch aber auch als Nachschlagewerk nutzen, wenn Sie gezielt Berichte suchen, in denen bestimmte Symptome, Krankheitsbilder, Ereignistypen, Schicksalsmuster oder psychische Konstellationen eine Rolle spielen. Ich habe dafür im Anhang ein entsprechendes Register angefügt. Sie sollten dabei aber bedenken, dass die hier erwähnten Symptome und Hintergründe in anderen Zusammenhängen auch andere Bedeutungen und Wirkungen haben können. Sie können also die hier vorgelegten Deutungen nicht ohne weiteres verallgemeinern und auf andere Fälle übertragen. Sie können sie wohl aber als Anregung auf der eigenen Spurensuche betrachten.

Wenn Sie sich nicht durch die Fremdartigkeit mancher Deutungen abschrecken lassen, sondern sich trotz mancher Skepsis im Detail offen darauf einlassen, bin ich sicher, dass Sie sich im Lauf des Lesens von der Sinnhaftigkeit des hier vorgestellten Denkansatzes überzeugen können.

In dem Maße, wie Sie die hier beschriebenen psychischen Hintergründe als Realitäten mit konkreten Auswirkungen auf die individuelle Lebensgestalt nachvollziehen lernen, werden Sie sich und die Menschen Ihrer Umgebung unvermeidlich mit anderen Augen und Ohren wahrnehmen. Das ist dann die Voraussetzung, um für manche Situation, vor der man ratlos steht, neue und andere Lösungsansätze als bisher finden und erfolgreich praktizieren zu können.

Winfried Prost

Ouvertüre

Unterschwellige Muster

Wer ein Konzert besucht hat, summt nachher vielleicht die "Titelmelodie" vor sich hin und glaubt, er habe das Wesentliche der gehörten Musik aufgenommen. Dabei entsteht die Dramatik mancher Sätze erst durch eine gegenläufig geführte Mittel- oder Unterstimme. Es ist auch nicht immer die erste Geige, deren Töne bestimmend sind, oft übernehmen andere Instrumente für einige Takte oder Passagen die Führung und prägen dadurch den Klang. Manchmal wird ein Stück sogar durch eine vermeintlich unbedeutende Unterstimme geführt und ein dumpfer, leicht überhörbarer Rhythmus wird in einer Pause der Oberstimme zum beherrschenden Ereignis. Schließlich fließen dann alle Stimmen zu einem gemeinsamen Schlussakkord zusammen.

Genauso glaubt man oft, Menschen zu kennen, wenn man ihren Beruf, Wohnort und Familienstand kennt. Irrtum! So wie das Wesentliche eines Musikstücks in seinen unteren Stimmen verborgen sein kann, so wie der Rhythmus, den der Kontrabass gibt, vielleicht von niemandem bewusst gehört wird, so ist es auch bei Menschen oder im Leben: Das Wesentliche bleibt der oberflächlichen Betrachtung oft verborgen, weil es im Hintergrund wirkt. Wenn man aber darauf achtet, ist es durchaus wahrnehmbar - wie der Bass.

Der Lebensrhythmus eines Menschen kann durch unbewusste Strukturen und frühe Prägungen bestimmt sein, und möglicherweise nimmt weder er selbst noch sonst jemand diese

Grundmuster wahr. Und doch bestimmten drei permanent wiederholte Töne des Kontrabasses das ganze Stück. Gegen diesen Rhythmus ereignet sich nichts, alles spielt nur innerhalb seines vorgegebenen Rahmens. So sind auch Lebensschicksale von Menschen, so bunt und klangvoll sie oberflächlich verlaufen, oft nur Variationen eines sich permanent wiederholenden unterschwelligen Grundmusters.

So wie sich in einem Musikstück die verschiedenen Stimmen klanglich vermischen, so verflechten sich die Ebenen des Bewusstseins als obere Stimmen und die Ebenen des Unterbewusstseins als untere Stimmen miteinander zur persönlichen „Schicksals-Symphonie“.

Eigentlich lassen sich Schicksale erst vom Ende her deuten. Frühestens, wenn der Schlussakkord verklungen ist, sollte man ein Urteil abgeben. Bei Dissonanzen während des Lebens ist es noch nicht gewiss, ob sie nicht die Vorbereitung für ein später umso klangvolleres Finale sind.

Für einen selbst als Betroffenen ist es während des eigenen Lebens oft noch schwerer, sich ein Urteil über den eigenen Standort darin und dessen Bedeutung zu bilden. Man kann oft nur wenige Töne vorher und nachher zusammenhängend erfassen und daraus nicht den Klang und Sinn des Ganzen erkennen.

Die wirkliche Melodie und der wirkliche Rhythmus zeigen sich oft erst später im Zeitraffer einer ganzheitlich umfassenden Zusammenschau.

Wenn man selbst der Betroffene ist, verlangt diese Einsicht, sich distanziert betrachten zu können und eine gegenwärtige Situation aus dem größeren Zusammenhang seines ganzen Lebens und seines gesamten Umfeldes zu verstehen. Das ist oft nicht einfach, kann aber im hier gezeigten Sinne helfen, besser mit Schwierigkeiten fertig zu werden.

Auch das Thema „Zufall" bekommt von diesem Ansatz her eine neue Dimension. Was von einer einzigen Betrachtungsebene aus nur als „zufällig" oder „sinnlos" erscheinen mag, wird oftmals klar verständlich, wenn man dessen Ursprung und Sinn auf einer anderen Ebene entdeckt.

Die eigentlich treibenden Kräfte des persönlichen Schicksals sind oft verdrängte alte Schmerzen, die auf tieferen Ebenen abgelagert worden sind. Von dort aus wirken sie unterschwellig und brechen vielleicht nur gelegentlich auf. Man kann diese verdrängten inneren Kräfte mit unterirdischen Strömen vergleichen, die über weite Strecken unsichtbar fließen und dann als geysirhafte Quellen wieder mit Macht hervorbrechen. Das scheinbar Zufällige wurzelt in solchen Tiefenströmen. Erkennt man sie, so zeigt sich im Zufälligen Sinn.

Die meisten Urteile über Menschen werden aufgrund oberflächlicher Eindrücke gefällt. Nimmt man die Muster unterschwelliger Ebenen hinzu, erweisen sich diese Urteile normalerweise als falsch. Da die Seele zu viele Dimensionen hat, als dass man sich einbilden dürfte, sie ganz erkennen zu können, werden letztgültige Urteile vermutlich nie möglich sein. Da gilt besonders, wenn man in Erwägung zieht, dass auch Traumata früherer Generationen der eigenen Familie oder des eigenen Volkes noch in uns wirken können, oder wenn man gar die Möglichkeit früherer Inkarnationen einräumt und dann

deren Wirkung auf das heutige Leben mit in Betracht ziehen muss.
Manches Musikstück erschließt sich auch nicht aus sich selbst heraus, sondern erst, wenn man beispielsweise erfährt, dass es das Motiv eines anderen Stückes aus einer anderen Zeit aufgreift, fortführt oder weiter entwickelt oder dass es als Antwort darauf konzipiert ist.

Würde ein Urteilender alle Ebenen und Hintergründe mit ihren verzweigten Zusammenhängen durchschauen, er würde über seine vorschnellen Urteile oft tiefe Scham empfinden.

Dieses Buch kann Ihnen die Augen für ein tieferes Verständnis von Menschen und den Hintergründen ihres Seins eröffnen. Es kann Sie anregen, vorschnelle Urteile zu vermeiden und Menschen und Situationen auf andere Weise zu hinterfragen. Vielfach werden Sie diese Menschen dadurch neu entdecken und für manchen bisher unangenehmen und schwierigen Zeitgenossen sogar plötzlich Sympathie empfinden.

Ich neige nach meinen Erfahrungen zu der Auffassung, dass es keinen Hass und keinen Streit mehr auf der Welt gäbe, wenn jeder sich selbst und jeden anderen wirklich verstehen würde.

Seelische Prägungsebenen als Stimmen einer Partitur

In diesem Buch unterscheide ich sieben Ebenen, von denen ich sechs mit verschiedenen *Stimmen einer Partitur* und die siebte mit der *Idee der Komposition* vergleiche:

Die oberste ist als *Melodie* die Ebene der äußeren Erscheinungen in der Reihenfolge der Zeit.

Die fünf nächsten Ebenen sind die sogenannten Begleitinstrumente, auf der sich die Akkorde und Klänge ereignen, die die Melodie unterstützen und den Gesamtklang der Komposition erzeugen.

Die siebte Ebene stellt die Idee der Komposition dar wie sie unabhängig von der Unterscheidung in verschiedene Stimmen und Klangkörper als vollkommene Vision existiert.

All diese Ebenen gehören in dem Persönlichkeitsmodell, das ich in meinem Buch „FÜHRE DICH SELBST" dargestellt habe, als Unterebenen in den Bereich der „Charakter- und Grundeinstellungsebene". Es geht hier um die Form eines Menschen und um deren Gewordensein

Zur Übersicht will ich die Ebenen vorab im Einzelnen umreißen:

I. Die ***Oberstimme*** ist die Melodie. Sie scheint hell und klar wie von Geigen gespielt. Auf ihr drückt sich die äußere Form aus. Einen Menschen sieht man auf dieser Ebene so wie er äußerlich ist. Man sieht seine Eigenschaften und die Ereignisse seines Lebens in ihrer Reihenfolge auf der Zeitachse. Hier spielt es die „erste Geige", ob jemand Bäcker, Friseur oder

Lehrer ist, ob er geizig, eingebildet, faul oder arrogant ist, wie viel er verdient und wie alt er ist, aber es geht nicht um das „Warum“ von all dem. Mit den sogenannten „Fakten“ ist auf dieser Ebene im Alltagsverständnis bereits alles über einen Menschen und seine Gestalt gesagt.

II. Die ***Erste Mittelstimme*** spielen schon kräftigere und nicht mehr ganz so helle Instrumente, wie zum Beispiel die Bratschen. Diese Ebene betrifft die Beziehungen zu Menschen, die unser Leben geprägt und bestimmt haben. Sie können uns zu Fluch oder Segen gereicht haben. Liebe oder Hass in Beziehungen, Ungerechtigkeiten im Familien- oder Berufsleben, all das kann für Lebensphasen entscheidend und bestimmend sein und ist in seinen Wirkungen weder vom eigenen Willen abhängig noch beeinflussbar.

III. In der ***Zweiten Mittelstimme*** kann man sich die Hörner vorstellen. Sie können kräftige Stöße von sich geben, die durch Mark und Bein gehen. Diese Ebene beinhaltet die prägenden Ereignisse und Einflüsse, die während der ersten zehn Lebensjahre auf einen Menschen eingewirkt haben. In dieser Zeit werden unsere Charakterzüge geprägt Sie wirken sich während unseres ganzen Lebens nachhaltig zu unserem Vorteil oder Nachteil aus. Prägende Ereignisse jener Jahre können uns stärken oder schwächen, ermutigen oder dämpfen. Unsere psychische Grundgestalt hinsichtlich Sicherheit oder Unsicherheit, Angst oder Vertrauen, Aktivität oder Passivität wird in dieser Phase geformt. Dabei entstehen die Züge unserer Persönlichkeit, die uns unverwechselbar machen. Wenn jemand in dieser Zeit Vater, Mutter oder eins seiner Geschwister verliert, selbst verstoßen, verachtet oder missbraucht wird, so geht das erfahrungsgemäß nicht spurlos an ihm vorüber und zeichnet ihn unter Umständen für sein ganzes Leben lang.

IV. Die ***Erste Unterstimme*** kann man sich als aus den schon ziemlich dunklen Tönen eines Cellos bestehend vorstellen. Das sind in unserem Zusammenhang schicksalhafte Traumata, die nicht der Betreffende selbst, sondern die Familie, zu der er gehört, mitbekommen hat. Solche Traumatisierungen haben oft schon vor der eigenen Lebenszeit stattgefunden. Dennoch kann ein Späterer auf unterschiedliche Weise daran so teilhaben, dass es ihn, ohne dass er sich diesem Einfluss entziehen kann, in seiner persönlichen Lebensgestalt prägend formt.

Die psychologische Erklärung für den langen Nachhall alter Traumata ist relativ einfach: Kinder leben in den ersten Lebensjahren in einer symbiotischen Beziehung mit Eltern und Geschwistern. Ist darunter ein Familienmitglied, das ein unverarbeitetes Trauma mit sich trägt, wird das Kind daran stimmungsmäßig unvermeidbar teilhaben. Das gilt selbst dann, wenn ihm über die entsprechenden Ereignisse nichts berichtet wird.

Solche Traumata, die noch aus einer Vorgeneration nachhallen, haben oft problematische Wirkungen in der Gegenwart eines Menschen, deren Ursachen durch alles Forschen in dessen Biographie nicht auffindbar sind. Da spielt dann im scheinbar günstigsten Gegenwartsumfeld in der Seele eines Menschen ein Instrument der Unterstimme ständig falsch. Wenn es nur gründlich genug aus dem Rhythmus gekommen ist, besteht ernste Gefahr, dass auch alle Instrumente der oberen Stimmen dadurch aus dem Takt geworfen werden.

Hier wird der Zeitraum von drei bis vier Generationen in die

Betrachtung mit einbezogen, also ein Erfahrungsraum, in dem direkte Berührungen mit vorbetroffenen Mitgliedern der eigenen Familie noch stattgefunden haben.

V. Die ***Zweite Unterstimme*** spielt der Bass. Er klingt dumpf und prägt den Hintergrund. So wie jeder Einzelne auf dem Boden einer Familie steht, so ist jede Familie wieder Teil einer größeren Grundgemeinschaft. Das kann das Volkes oder eine Glaubensgemeinschaft sein. Auch die Traumata, die ein Volk oder eine Religionsgruppe in ihrer Geschichte erlitten haben, wirken auf alle ihre Mitglieder ein. Wenn man ein Familientrauma noch mit einem lokalen Sturm oder Erdbeben vergleichen kann, dann gleicht ein Volkstrauma einem Tornado, der über Tausende von Kilometern ganze Landstriche verwüstet.

So stellen die Erfahrungen von zwei Weltkriegen kollektive Traumata dar, an denen jede Familie auf die eine oder andere Weise, wie durch den Tod von Angehörigen oder durch Vertreibungen oder Vermögensverlust Anteil hat. Das jüdische Volk kann sogar auf eine über zweitausendjährige Stigmatisierung und Verfolgungsgeschichte zurückblicken, die jeden einzelnen Juden der Gegenwart noch irgendwie mitbetrifft.

Man findet das Wissen um solche alten Erblasten - seien es die aus eigenem Schicksal, aus dem der Familie oder der Volks- oder Religionsgemeinschaft - auch im Begriff der „Erbsünde“ und in der Vorstellung von „alten Flüchen“. Sie wirken aus einer scheinbar entfernten und unbekannten Vergangenheit auf einen heutigen Menschen nach.

VI. Die ***Dritte Unterstimme*** spielt noch tiefer. Sie ist die Ebene, auf der es um Lebensaufgaben geht, die sich möglicherweise aus dem während früherer eigener Inkarnationen erworbenem Karma schicksalhaft ergeben. Nur die großen Paukenschläge aus alter Zeit vermögen bis zu uns herüber zu klingen, aber dennoch geben sie möglicherweise unserem heutigen Leben den Grundrhythmus und einen tieferen Sinn vor. Ein altes Karma könnte sich in einer durch Geburt und Umstände festgelegten unentrinnbaren persönlichen Lebensaufgabe ausdrücken sowie durch ein dazugehöriges Lebensgrundgefühl.

In tiefen Entspannungszuständen ist es den meisten Menschen möglich, innere Bilder in sich zu erwecken, die sich als Erinnerungen an frühere Leben deuten lassen. Es mag dahin gestellt sein, ob es sich hier tatsächlich um historische frühere Leben handelt oder ob diese Bilder in symbolhafter Sprache Strukturen des eigenen gegenwärtigen Lebensmusters zeigen. Sie decken jedenfalls aus dem vorgestellten Abstand von Jahrhunderten wirklich oder symbolisch Aufgaben, Möglichkeiten, und die Sinnhaftigkeit des gegenwärtigen Lebens als Ganzem auf.

VII. Als siebte Ebene, die ich in diesem Buch aber nicht weiter ausführen werde, verweise ich im Bild der Partitur auf die *Idee* der Komposition. Beim Menschen handelt es sich auf dieser Ebene um seine *Seele*, die der Inbegriff seines Seins ist, und die auf verschiedenen Ebenen Schicksalsprägungen erfährt. Die Seele ist unsere Lebensenergie und die Quelle unseres Geistes. Ihr Wesen besteht darin, lebendig pulsierend zu fließen. Jede schwere Beeinträchtigung dieses Flusses - Stauung oder Blockade - wie sie durch traumatisierende Schocks geschehen kann, macht unglücklich und krank. Heilung geschieht immer da, wo es gelingt, einen stockenden Energiefluss der Seele wieder in Gang zu bringen.

Übersicht über die Ebenen

1. Ebene: (Oberstimme, Melodie, erste Geigen)
Äußere Gestalt als Wirkung von tieferen seelischen Vorgängen

2. Ebene: (1. Mittelstimme, Bratschen)
Schicksalsprägende Traumata aus Beziehungen

3. Ebene: (2. Mittelstimme, Hörner)
Schicksalsprägende Traumata aus Kindheitserlebnissen

4. Ebene: (1. Unterstimme, Cello)
Schicksalsprägende Traumata die sich in der eigenen Familie schon vor der eigenen Geburt ereignet haben

5. Ebene: (2. Unterstimme, Bass)
Schicksalsprägende kollektive Traumata des eigenen Volkes bzw. der eigenen Glaubensgemeinschaft

6. Ebene: (3. Unterstimme, Pauke)
Schicksalsbestimmende Vorgaben durch Karma aus früheren Leben

7. Ebene: (Die Idee der Komposition)
Die Seele des Menschen, die durch die Prägungen der Ebenen 6 bis 2 ihre äußere Gestalt (Ebene 1) erhält

Die Berichte und ihre Deutungen

Bei allen Schicksalen, von denen ich in diesem Buch berichte, habe ich mit Beteiligten und Betroffenen persönlich gesprochen. Ich habe einige dieser Menschen über Jahre hinweg begleiten und beobachten können. Mit vielen bin ich gemeinsam auf die Suche nach den Ursachen gegenwärtiger Probleme gegangen und habe mit ihnen Lösungsansätze erarbeitet.

Meine hier vorliegenden Aufzeichnungen habe ich möglichst zeitnah zu Begegnungen und Gesprächen niedergeschrieben und dabei auf Detailtreue geachtet. Außer den Deutungen habe ich nichts hinzugefügt. Die Berichte sind insofern weitestgehend authentisch und basieren auf den Schicksalen von realen Personen. Zum Schutz dieser Personen habe ich allerdings außer den Namen, gelegentlich auch Beruf, Ort, Geschlecht und Zeitangaben, sofern sie für die hier interessierende Deutung nicht wesentlich erschienen, verändert. Dabei habe ich darauf geachtet, den psychologischen Wahrheitsgehalt nicht anzutasten.

Der Blickwinkel der Deutungen, die ich gebe, ist oft ungewohnt. Das Spezielle daran ist vor allem, dass Zusammenhänge umfassender, das heißt über große Zeiträume und in größerem Maßstab aufgedeckt werden, als es im alltäglichen Denken sonst gewohnt und üblich ist. In Sätzen wie: „Die kleinen Sünden straft der liebe Gott sofort, die großen etwas später" oder: „Ein Unglück kommt selten allein" zeigt sich jedoch, dass auch im allgemeinen Bewusstsein eine Ahnung umfassenderer Zusammenhänge existiert, und dass die Wirkung großer Ereignisse oft erst sehr viel später sichtbar werden kann.

Hintergrund der hier vorgelegten Deutungen, die stets bemüht sind, etwas aus einer Situation heraus und nicht hinein zu interpretieren, ist die Erfahrung, dass sich die Spuren von einzelnen schwer wiegenden Ereignissen innerhalb eines Lebens oder eines Familiensystems manchmal durch viele Jahrzehnte hindurch als bestimmend nachvollziehen lassen. Dem geübten Betrachter ist es oft möglich, aus einer Gegenwartsbeobachtung treffsichere Rückschlüsse auf voraus gegangene Ereignisse zu ziehen oder auch bei mitgeteilten Vorfällen der Vergangenheit daraus folgende spätere Ereignisse zu prognostizieren.

Das alles ist möglich, weil es in unserem Unterbewusstsein eine Reihe von Gesetzmäßigkeiten gibt, nach denen sich einerseits die Geschehnisse ereignen, und die andererseits Hilfsmittel für deren Verständis sind.

Diese Gesetzmäßigkeiten wirken völlig unabhängig vom bewussten Wollen und den bewussten Motiven eines Menschen, sie bewirken oft sogar Folgen, die seinem Willen ganz entgegengesetzt sind.

Folgende Gesetzmäßigkeiten bzw. Prinzipien lassen sich beobachten:

1. Psychische Energien gehen nicht verloren. Auch wenn Verdrängungen über Jahrzehnte erfolgreich funktioniert haben, kommen doch letztlich die verdrängten Inhalte irgendwann wieder hoch. Oft geschieht das in Form einer Krankheit oder zu einem Zeitpunkt, zu dem man (beispielsweise im Alter) nicht mehr genug Kraft hat, diese Gefühle zu unterdrücken. (Gesetz der Energieerhaltung)

2. Das Unterbewusstsein versucht die Muster der ihm eingeprägten Urzustände ständig wieder zu reproduzieren. Dabei spielt es keine Rolle, ob diese Urzustände positiv oder negativ waren. (Gesetz der Wiederholung)

3. Verdrängte Gefühle einer Person können zu einer anderen verschoben werden und dort zerstörerisch wirken. (Horizontalverschiebung)

4. Unerlöste alte Situationen mit ihren verdrängten Gefühlen können auch an unbeteiligte Familienmitglieder einer späteren Generation verschoben werden und dort destruktive Folgen zeigen. (Vertikalverschiebung)

5. Es findet immer wieder ein Ausgleich statt. Alles, was jemand einem anderen an positiver oder negativer Energie zufügt oder wegnimmt, wird in der Summe wieder ausgeglichen. Manchmal erst in einer späteren Generation. (Gesetz des Ausgleichs)

6. Wir haben verlernt, die wirklichen Gefühle unserer Seele wahrzunehmen und in unserem Leben zuzulassen. Wenn sie dennoch nach außen drängen, fühlen wir uns oft als Opfer dieser uns dann unverständlichen Impulse.

7. Durch Schock „eingefrorene“ beziehungsweise unterbrochene Prozesse der Hinwendung - zum Beispiel eines Kindes zu einem Elternteil - streben weiter zu ihrer Vollendung und können wieder in Gang gesetzt werden und zu ihrer Erfüllung gelangen.

8. Wir verfügen über ein Wahrnehmungsorgan, mit dem wir

intuitiv zentrale Seelenzustände anderer Menschen wahrnehmen können. Dieses Organ ist bei Kindern besonders gut ausgebildet und ihre noch weiche und formbare Seele empfängt dadurch alle sie umgebenden Gefühle und wird insbesondere durch die chronischen Stimmungslagen der Umgebung dauerhaft geprägt.

Anhand einer Fülle von authentischem Material, das ich im Lauf von etwa sieben Jahren zusammengetragen habe, zeige ich in diesem Buch, wie die Missachtung dieser Prinzipien das Leid von Menschen vermehrt hat und wie ihre Beachtung vielfach Erlösung bedeuten und bewirken kann.

Durch das Lesen der Schicksalsberichte und -deutungen dieses Buches können Sie einen neuen Blick für Zusammenhänge in Ihrem eigenen Leben und im Schicksal anderer Menschen gewinnen. Wenn ihnen dann scheinbar vertraute Oberflächen wie Vexierbilder umklappen, werden Sie plötzlich ihr ganzes Umfeld in einem neuen Licht sehen und verstehen.

Die Berichte zeigen, wie die Beachtung von leicht übersehbaren Indizien und Hinweisen andere Tiefen des Verständnisses eröffnet, oder wie erst deren symbolische Deutung den Schlüssel zu anderen Menschen enthält. Manches, was zuvor sinnlos schien, wird dann plötzlich ganz klar, Zufälliges erscheint nicht mehr als zufällig, sondern offenbart verborgene Ängste, Not oder tief verschütteten Schmerz. Aus solch einem tieferen Verständnis des Schicksals eines Menschen wird einem dann mancher zunächst befremdlich oder unangenehm scheinende Zeitgenosse in seiner Bedürftigkeit erkennbar und oft sogar liebenswert.

Wenn sich bei solch einem verständisvolleren Mitfühlen alte Urteile auflösen, werden hinter scheinbarer Schuld und scheinbarem persönlichem Versagen Ursachen erkennbar, die jenseits des eigenen Zugriffs und außerhalb persönlicher Verantwortung liegen.

Verantwortung beginnt erst, wenn man die alten unheilvollen Muster, die in einem selbst oder in anderen wirken, erkannt hat. Dann kann man versuchen heilend einzuwirken und alte Verstrickungen zu lösen. Auch dazu werden in diesem Buch Wege aufgezeigt.

Für keine Deutung beanspruche ich, dass in ihr alle Ebenen und Dimensionen vollständig erfasst sind. Keine Deutung ist insofern vollständig wahr und endgültig. Beim Hinzukommen weiterer Informationen könnte sich die Notwendigkeit einer neuen, umfassenderen Deutung ergeben. So bleibt jeder Versuch, sich selbst oder andere zu verstehen, unter dem Vorbehalt der Vorläufigkeit des gegenwärtigen Kenntnisstandes und verbietet dadurch abschließende Urteile über Menschen.

Mit besonderer Aufmerksamkeit habe ich in den letzten Jahren die Schicksale von Menschen hinterfragt, die schwer krank waren oder gestorben sind. Vom Ausgang und Ende eines Lebens her läßt sich manches mit größerer Sicherheit verstehen und deuten, als wenn der Ausgang noch ungewiss ist.

Die Ursache eines Problems ist oft konkret auf einer Ebene zu finden. Deshalb ließen sich die hier gesammelten Berichte auch weitgehend als Beispiele den einzelnen Ebenen zuordnen. Es wäre ja auch ungewöhnlich, dass in einem Orchester alle Instrumente gleichzeitig falsch spielen. Der Fehler entsteht meist nur in einer Stimme, auch wenn er dann im weiteren Verlauf alle anderen Stimmen stören und in Verwirrung bringen mag.

So werden nun in den hier aufgeschriebenen schicksalhaften Begebenheiten und Reflexionen Lebenspartituren aufgeschlagen und in ihren einzelnen Stimmen analysiert. Die Geschichte eines jeden Menschen erweist sich dabei als eine vielstimmige, oft dramatische, große Komposition.

Ich lade Sie ein, dieses Buch trotz mancher Fremdheit, die Sie dabei empfinden mögen, mit neugieriger Aufgeschlossenheit zu lesen.

I

Oberstimme
(Geige)

Melodieführung und äußere Gestalt

Stellen Sie sich vor, Sie seien Personalchef und haben eine Stellenanzeige aufgegeben. Sie erhalten eine Fülle von Bewerbungen mit Lebensläufen. In jedem Lebenslauf versucht ein Mensch sich von seiner besten Seite zu zeigen. Dennoch wissen Sie, dass Sie mit diesen Lebensläufen nur die äußere Oberfläche zu sehen bekommen. Das freundliche Lächeln auf dem Foto, die Krawatte und der Anzug sagen nicht viel über das wirkliche Wesen dieses Menschen aus. Ihre Aufgabe besteht dann darin herauszufinden, was für ein Mensch dieser Kandidat wirklich ist. Ein Mensch kann neben seinen oberflächlich angenehmen Seiten auch problematische haben, die sowohl für ihn als auch für seine Umgebung schwierig sein können.

So geht es hier also um die Frage nach dem Sein hinter dem Schein. Wenn Sie dann als Personalchef erkannt haben, was für ein Mensch da vor Ihnen sitzt, müssen Sie eine Entscheidung treffen: Passt dieser Mensch in ihre Firma oder nicht? Im Zweifel werden Sie ihn ablehnen. Aber selbst, wenn Sie ihn richtig eingeschätzt haben und er tatsächlich nicht geeignet ist und nicht zu Ihnen passt, können Sie dennoch ein zwiespältiges Gefühl haben, wenn Sie ihn wieder fortschicken. Sie spüren vielleicht, dass Sie diesem Menschen in irgend einer Hinsicht nicht gerecht geworden sind. Möglicherweise haben Sie bemerkt, dass er sich in einer Notlage befindet, dass er in unglücklichen Umständen steckt, dass er eine schwere Kindheit oder sonstige Belastungen hinter sich hat und hätten ihm vielleicht gerne geholfen. Aber als Personalchef im Einstellungsgespräch können Sie das nicht, weil Sie für Ihre Firma eine bestimmte Funktion zu erfüllen haben. Als Chef eines langjährigen Mitarbeiters, der ihnen in der Firma zugeteilt wird, müssen Sie sich dagegen bemühen, ihm einigermaßen gerecht zu werden, damit sie ihn motivieren können beziehungsweise seine Motivation nicht zerstören.

Auf dieser ersten Ebene geht es um die Gestalt eines Menschen. Darum, wer oder was er bis zum heutigen Tag geworden ist. Es geht um seine Eigenschaften, seine Rollen, seine Positionen im Leben und in der Gesellschaft, um all das, was ihn von außen gesehen kennzeichnet.

Auf den anderen Ebenen wird die Frage gestellt, *warum* ein Mensch mit all seinen unverständlichen und vielleicht Widerstand weckenden Eigenschaften so geworden ist, wie er ist. Dabei geht es darum, ihn in seinem Geworden-Sein und seinem Schicksal zu verstehen und auch zu würdigen. Dann erst kann man ihm vielleicht gerecht werden.

Da es in diesem Buch um *Deutungen* von Schicksalen gehen soll und diese erste Ebene nur die ungedeuteten Fakten betrifft, habe ich hier noch keine Schicksalsberichte eingefügt. In den nächsten Kapiteln werden dagegen geordnet nach unterschiedlichen Deutungs-Ebenen Schicksale von Menschen mitgeteilt, die sich durch eine Deutung auf der jeweiligen Ebene erhellen.

II

Erste Mittelstimme (Bratsche)

Lebensmuster aus Beziehungen mit anderen Menschen

Während in die Oberstimme vor allem das eingeht, was jemand ist und darstellen will, begegnen wir auf der ersten darunter liegenden Ebene Einflüssen, die jemand nicht gewollt oder gewählt hat, und denen er unterworfen ist.

Unser Leben wird geprägt von Beziehungen. Eltern, Geschwister, die ganze Familie sind uns vorgegeben. Später können wir manche Beziehungspartner wählen, andere aber - beispielsweise unter den Nachbarn oder im Beruf - auch nicht. Nicht einmal die selbstgewählten sind immer die besten und beglückendsten Partner für uns. Man ahnt oft in der Begeisterung der ersten Sympathie nicht, wen man da in sein Leben einlädt und wie stark jemand einen mit seinen Charakterzügen, seinem Verhalten oder seinem Anhang manipulieren und prägen kann.

In diesem Kapitel betrachten wir vor allem die Wirkung von Beziehungen, die im Leben von Erwachsenen stattgefunden haben. Sie sind nicht so prägend, dass sich daraus notwendigerweise für das ganze folgende Leben neue Muster ergeben, sie können aber ein Leben aus seiner Bahn werfen oder ihm zumindest eine neue Richtung geben.

Unheilvolle Wirkungen einer aktuellen Beziehung sind häufig nicht aus dieser selbst zu erklären, sondern daraus, dass sie alte Muster der Kindheit aktiviert oder in deren Gleise gerät. Von solchen Kindheitsmustern handelt Kapitel III.

Hier in Kapitel II geht es nun um Berichte von einschneidenden Erlebnissen und Beziehungen, die das Leben erwachsener Menschen schicksalhaft geprägt und beeinflußt haben.

1.
Falsche Harmonie

Am Neujahrstag war er morgens noch mit seiner sechsjährigen Tochter Schlitten gefahren. Lustig und gut gelaunt kam er mit ihr nach Hause und setzte sich zum Mittagstisch. Nach dem Essen legten sich Mutter und Kind zu einer kleinen Mittagsruhe im Kinderzimmer hin und Vater Hans nahm ein Buch zur Hand. Er setzte sich in seinen Sessel im Wohnzimmer. Die Familie war erst vor zwei Monaten in ihr neu gebautes Haus eingezogen und alles war schön, gemütlich und frisch.

Als seine Frau dann nach einer Stunde wieder ins Zimmer kam, fand sie ihn tot auf dem Teppich liegen. Für jede Hilfe war es zu spät, er war einem Herzinfarkt erlegen.

Als ich zwei Tage später die Todesanzeige erhielt, war ich schockiert. Ich rief seine Frau an, um ihr meine Anteilnahme auszudrücken, und fragte sie nach den Einzelheiten und Hintergründen. Welche Vorwarnungen hatte es gegeben, wie konnte es zu so einem überraschenden und unvorhergesehenen Tod kommen, was war geschehen?

Frau Werk hatte keine Voranzeichen für den Tod ihres Mannes gesehen. Unter Tränen sprach sie davon, dass gerade er doch so ein liebevoller, friedfertiger Mensch gewesen sei, der niemals einem anderen ein böses Wort gesagt habe. Sie könne es nicht fassen, dass gerade er so plötzlich habe gehen müssen. Während der Bauphase ihres Hauses, wenn ihr mehrfach bei Auseinandersetzungen mit den Handwerkern der Kragen geplatzt sei, habe er immer wieder beruhigend auf sie eingewirkt, nach Kompromissen und Alternativen gesucht, sie zur

Geduld angehalten und mit allen friedliche Lösungen zu vermitteln versucht. Auch wenn sie einmal heftig mit ihrer Tochter geschimpft habe, sei er immer schlichtend dazwischen gegangen und habe wieder für Frieden gesorgt. Sie habe es nur einmal in ihrer achtjährigen Beziehung erlebt, dass ihm der Kragen geplatzt sei, und da habe sie ihn auch absichtlich provoziert. Er habe richtig mit ihr geschimpft, und sie habe innerlich lächeln müssen, weil sie ihn noch nie so „intim“ erlebt und empfunden habe. Es sei auch nicht leicht gewesen es auszuhalten, wenn er sich nicht habe aufregen können. Manchmal habe sie sich geradezu im Stich gelassen gefühlt, wenn sie sich aufregte, und er nicht mit empfand.

Für mich enthielt der Bericht von Frau Werk deutliche Hinweise: Wer sich emotional nicht entladen kann, behält trotz aller Kompromisse leicht einen sich langsam anstauenden negativen Stress, dessen Energie sich zerstörerisch gegen ihn selbst richten kann.

Auf meine weitere Nachfrage erzählte Frau Werk, dass ihr Mann schon seit ein paar Jahren einen Zwerchfellbruch habe, der ihm viele Schmerzen verursachte, und weswegen er ziemlich starke Medikamente nehmen musste. Den fehlenden *Aus*brüchen entsprach also ein innerer *Ein*bruch und der destruktive Prozess der nach innen gerichteten aggressiven Entladungen war schon länger im Gange. Seine manchmal sehr anstrengende, übertrieben ironisch-witzige Art war auch ein Zeichen für seine nicht frei ausgelebten negativen Gefühle wie Ärger, Aggressionen oder Taurigkeit. Dem entsprach zusätzlich, dass er seit einigen Jahren Diabetiker, und das bedeutet, „sauer“, war.

Frau Werk berichtete außerdem, dass es ihm in den letzten

Jahren in seiner Firma nicht besonders gut gegangen sei. Er habe viel Ärger mit seinem Vorgesetzten gehabt, und es habe ihm zahllose schlaflose Nächte verursacht, dass er als Personalchef über 200 Mitarbeiter seiner Firma habe entlassen müssen, die er zum Teil schon seit über zwanzig Jahren persönlich kannte. Mit jedem Einzelnen musste er die Gespräche darüber selber führen. Er habe sich das sehr zu Herzen genommen und sogar darüber nachgedacht, die Firma zu verlassen und sich eine andere Arbeit zu suchen. Aber wegen ein paar befreundeter und schutzbedürftiger Kollegen und Mitarbeiter sei er doch geblieben. Die finanzielle Sicherheit seiner Familie habe dabei für ihn auch eine zentrale Rolle gespielt.

Wie es ihr in der Zeit vor dem Tod ihres Mannes gegangen sei, fragte ich, und Frau Werk berichtete, dass sie in den letzten Jahren ihre frühere Unbeschwertheit verloren habe und zeitweise depressiv gewesen sei. Sie hätte nicht mehr den Mut gehabt, unter Leute zu gehen. Weder sie noch ihre Freunde hätten das verstanden. Vor ihrer Ehe sei sie beruflich so erfolgreich gewesen, dass sie daraus ein gutes Selbstbewusstsein habe schöpfen können, und ihr Kind sei ein richtiges Wunschkind gewesen, auf das sie sich sehr gefreut habe. Es sei so schlimm gewesen, dass sie schließlich zu einer Therapeutin gegangen sei, die ihr empfohlen worden war. Sie habe bis vor einem viertel Jahr eineinhalb Jahre Therapie gemacht und seitdem sei sie wieder die Alte. Umso schrecklicher, dass gerade jetzt, wo eigentlich alles so glücklich und harmonisch gewesen sei, ihr Mann habe gehen müssen.

Meine Vermutung geht an dieser Stelle dahin, dass Frau Werk die gestauten und unausgedrückten Wut-, Zorn-, Schmerz-, Frustrations- und Traurigkeitsgefühle ihres Mannes intuitiv aufgenommen und an seiner statt gelebt hat. Niemals zuvor hatte sie Anzeichen einer depressiven Neigung. Als sie durch ihre Therapie gelernt hatte, sich abzugrenzen und nicht mehr die negativen Stimmungen anderer, insbesondere ihres Mannes zu übernehmen, entfiel damit für ihren Mann das vermutlich wichtigste Ventil für seinen inneren Überdruck weg und wieder platzte in ihm etwas: Ein viertel Jahr nach Beendigung der Therapie seiner Frau starb er .

Hinzu kommt, dass Frau Werk in den letzten drei Jahren zwei Mal wegen Gallensteinen operiert worden war. Das weist auf ein großes Maß an zurückgehaltener und „versteinerter“ Wut hin. Sei es, dass darin uralte verdrängte eigene Wut in Koliken hochkam und (per Operation) ausgeräumt wurde, oder aber auch, dass übernommene Gefühle ihres Mannes - es war immerhin während der Jahre, in denen sie auch psychisch therapiebedürftig war - ausgeschieden wurden. In jedem Fall waren die Gallensteine ein Hinweis darauf, dass sie selbst gelernt hatte, Wut nicht direkt auszudrücken sondern hinter einem oberflächlichen Bild von Harmonie zu verstecken. So kamen alle alten und neuen negativen Gefühle indirekt über die Depressionen und durch die Gallenkoliken zum Ausdruck.

Was bei ihr Depression und Gallenkoliken waren, entsprach bei ihrem Mann dem Zwerchfellbruch und dem Herzinfarkt. Bei ihm ging allerdings in beiden Fällen etwas kaputt. Seine Blockade gegenüber den negativen Gefühlen war insofern härter und vollständiger. Sein äußerliches Harmonieprogramm aber gehörte gewiss zu den Eigenschaften, die ihn und seine ebenfalls auf Harmonie erpichte Frau zu ihrer Beziehung zusammenführten. Ein schmerzliches und tödliches Programm: Harmoniesucht. Die Trugbilder des Teufels sehen von außen meistens verlockend und schön aus.

2.
Eine streitfreie Ehe

Dieser Bericht handelt ebenfalls von einer falschen Harmonie, die zu dramatischen Folgen geführt hat.

Ein dynamischer freundlicher Herr, Mitte fünfzig, in erhabener Führungsposition eines großen Unternehmens, kam zu mir und berichtete über sein Leben. Er sei sehr erfolgreich, habe eine gute Karriere gemacht, habe Aussicht, noch einen weiteren, letzten Karrieresprung zu machen, sei glücklich verheiratet und habe eine 28-jährige Tochter. Stolz teilte er mir mit, dass er in seiner 30-jährigen Ehe noch niemals mit seiner Frau gestritten habe und eigentlich keine Probleme habe.

Alles stand also zum Besten und war vom Feinsten, nun wollte er gerne noch sein Auftreten mit etwas Rhetorik vergolden und aufpolieren lassen.

Mir glänzte das alles schon jetzt zu schön, um der Glücksmelodie, die er mir vorspielte, wirklich Glauben schenken zu können. Kein Mensch lebt in vollkommener Harmonie, jeder hat sein Päckchen zu tragen. Wenn ich all das glauben sollte, so wäre sein Weg zu mir als Berater und Coach ziemlich überflüssig gewesen.

Ich fragte also nach: Wie es um seine Gesundheit stehe? - „Alles bestens. Der letzte Check hat hervorragende Daten gebracht." - Wie es um die Gesundheit seiner Frau stehe? - Oft tragen die Ehefrauen zu Hause in ihren Krankheiten die verdrängten Leiden ihrer Männer aus. - Aber auch hier Fehlanzeige. Auch sie war vollkommen gesund. Also fragte ich nach dem Kind: „Und wie steht es mit der Tochter?“ - „Ja, da gibt es ein gewisses Problem. Als sie 15 Jahre alt war, bekam sie in einer Nacht aus dem Schlaf heraus einen Schreianfall mit Atemnot und schlug wie wild um sich. Wir haben sofort einen Arzt gerufen und der hat sie dann mit Verdacht auf Epilepsie in eine psychiatrische Klinik gebracht, wo sie dann ein halbes Jahr war. Der Verdacht auf Epilepsie konnte nicht bestätigt, aber auch nicht ausgeräumt werden. Sie hatte auch noch mehrere solche Anfälle, war dann aber so gut mit Psychopharmaka eingestellt, dass sie wieder normal leben konnte und auch keine Anfälle mehr bekam. So hat sie sieben Jahre lang ihre Medikamente genommen, bis auch die abgesetzt werden konnten. Danach war alles in Ordnung. Etwa zwei Jahre später bekam sie aber Ess-Störungen - Bulimie - und darunter leidet sie jetzt noch. Sie muss fast alles wieder erbrechen, was sie isst. Aus diesen Gründen hat sie auch nie eine längere Zeit einen Freund gehabt. Sie wohnt ein paar Häuser weiter von uns entfernt und meine Frau kümmert sich rührend um sie.“

Die Deutung lag auf der Hand: Wer sich als Mann rühmt, 30 Jahre lang nicht mit seiner Frau gestritten zu haben, wird einiges unter den Teppich gekehrt haben. Dass er betonte, darauf stolz zu sein, zeigte mir, wie anstrengend es gewesen sein musste, diesen Scheinfrieden zu wahren. Es wäre sonst keine erwähnenswerte Leistung gewesen. Die verdrängten Spannungen in der Beziehung zwischen ihm und seiner Frau schwangen aber latent in der Familie. Da alles unausgesprochen und damit ungreifbar war, konnte sich die Tochter gegen einen solchen Scheinfrieden nicht wehren. Sie war nicht in der Lage, etwas zu finden, über das es zu streiten gegeben hätte. Alles, was strittig hätte sein oder werden können, wurde schon versteckt, bevor es greifbar werden konnte. Vater und Mutter merkten schon längst selbst nicht mehr, was sie alles um des lieben Friedens willen an persönlichen Bedürfnissen, an Ärger, Wut und Enttäuschung wegsteckten.

Die Tochter, die als Kind zwischen ihren beiden Eltern stand, bekam die Spannungen dagegen ab. Sie wurde gewissermaßen zum Blitzableiter: Dieser Spannungsdruck verschlug ihr den Atem. Sie bekam keine Luft mehr, sie schrie, sie schlug um sich, und sie drückte es mit ihrem Kotzen aus: „Diese beschissene friedliche Familienidylle ist falsch und verlogen! Ein ganzes Leben in einem solch irrsinnigen Umfeld macht einen verrückt und krank. Ich halte es nicht mehr aus, ich finde das zum Schreien und zum Kotzen. Lieber will ich ins Irrenhaus als hier bleiben zu müssen!“

Als ich versuchte, dem Vater Not und Krankheit seines Kindes aufzuzeigen und zu erklären, hörte er sich zwar alles an, antwortete aber nur: „Alles hat halt seinen Preis und die Harmonie zwischen mir und meiner Frau ist für mich das Wichtigste und die würde ich um keinen Preis aufgeben.“ - „Auch nicht um den Preis der Gesundheit und des Lebensglücks Ihrer Tochter?“ - „Ach wissen Sie, von Psychologie habe ich noch nie viel gehalten.“

Da stellt sich dann die Frage, was für ein Schicksal diesen Vater so hart und in höchstem Grade harmoniesüchtig gemacht haben mag? - Auch diese Leidensgeschichte konnte ich erfahren. Auch er ist Opfer von früher liegenden Ursachen: Sein Vater war Alkoholiker und hat ständig mit seiner Frau und seinen Kindern gestritten und herumgebrüllt. Wie groß mag die Sehnsucht insbesondere der Kinder gewesen sein, endlich einmal Ruhe und Frieden zu haben und selbst später einmal in einer harmonischen eigenen Familie zu leben. Hätten sie damals nicht alles, ja wirklich alles, dafür gegeben?

3.
Blitzableiter

Dieser Bericht schildert, wie in einer anderen Familie ebenfalls die Über-Spannung von einem vordergründig glücklichen und erfolgreichen Elternteil auf ein Kind übertragen wurde.

Ein neunundvierzig Jahre alter, erfolgreicher Geschäftsführer einer mittelgroßen Agentur, der mir seit mehreren Jahren bekannt war, arbeitete so viel, dass ich einmal zu meiner Frau über ihn sagte: „Ich kann mir einfach nicht vorstellen, wie ein Mensch so viel Arbeit aushält. Er ist nicht nur in der Woche sondern auch fast jedes Wochenende auf Geschäftsreise und muss ständig konzentrierte millionenschwere Verhandlungen mit Ganoven über Projekte führen, die er nicht nur immer wieder selber anzettelt, sondern die auch riskant und heikel sind. Es würde mich nicht wundern, wenn er eines Tages plötzlich tot umfällt oder gegen einen Baum fährt."

Mir war bei ihm zudem aufgefallen, dass seine Hände trotz demonstrativ souveräner äußerlicher Gelassenheit zitterten, wenn er eine Kaffeetasse aufnahm. Auch seine Augenlider zuckten nervös. Das waren mir Indizien dafür, dass er trotz oberflächlichem äußeren Schein innerlich doch unter Hochspannung stand.

Einige Jahre konnte ich ihn aus der Ferne beobachten. Einerseits bewunderte ich seine unerschöpflich scheinende Kraft, andererseits fürchtete ich, dass das kein gutes Ende nehmen könne.

Eines Tages hatte seine Frau aufgeregt auf meinen Anrufbeantworter gesprochen und mich dringend um Rückruf gebeten, es sei etwas Schreckliches passiert. Ich sagte zu meiner Frau: „Da ist was passiert! Hoffentlich ist er nicht gegen einen Baum gefahren." Ich rief an und erfuhr, dass nicht er, sondern sein 20-jähriger und einziger Sohn nachts auf freier Straße frontal gegen einen Baum gefahren und auf der Stelle tot gewesen sei.

Plötzlich fand der Vater Ruhe. Was ihm wichtig gewesen war, erschien ihm plötzlich in anderem Licht. Alle Suche nach Ursachen oder Motiven im Leben des Sohnes für dessen plötzlichen Abgang blieb ohne einsichtiges Ergebnis. Er hatte weder Alkohol getrunken, noch hatte er Liebeskummer, noch gab es einen Hinweis auf Selbstmordgedanken. Im Gegenteil, es schien ihm zu dieser Zeit in jeder Hinsicht gut gegangen zu sein. Und trotzdem war es geschehen. Für die Angehörigen blieb es unfassbar.

Da ich schon zweimal von „gegen einen Baum fahren" gesprochen hatte, war das Ereignis für mich dagegen erschreckend eindeutig: Die Hochspannung des Vaters hatte sich beim Sohn als Blitz entladen. Der Sohn war zum Blitzableiter für den Vater geworden. Mittelbar war dadurch beim Vater natürlich auch der Blitz eingeschlagen.

Man kann eine solche Situation zunächst einmal so zu beschreiben versuchen. Ein Zusammenhang zwischen dem Schicksal von Vater und Sohn ist naheliegend. Man ist oft geneigt, Wertungen hinzu zu fügen. Positiv könnte man sagen: der Sohn hat sich für den Vater aufgeopfert, damit der Vater selbst weiter leben kann. Negativ müsste man dagegen sagen:

Der Sohn ist Opfer der Überspannung des Vaters geworden.

Von Wertungen rate ich ab. Eine Festlegung darauf, ob etwas gut oder schlecht ist, verlangt eine Endgültigkeit, die uns bei der Vorläufigkeit aller Erkenntnisse nicht zusteht.

Dennoch sind weitere und tiefere Deutungen möglich. In den späteren Kapiteln III bis VI wird die Möglichkeit, entsprechende Hintergründe aufzudecken, ausführlich behandelt. Wichtig ist dabei, dass Deutungen nicht hinein interpretiert, also hinzugefügt, sondern analytisch herausgelesen werden. Dabei kann man verschiedene Deutungsebenen entdecken, wie aber die weiteren Kapitel zeigen, muss man dabei zugleich behutsam sein.

In diesem Fall gibt es einen größeren Zusammenhang als den zwischen Vater und Sohn. Auch der Vater des Vaters war als junger Mann gestorben. Er fiel im Krieg ohne seinen Sohn je gesehen zu haben. Vielleicht ist die für den Sohn vermeintlich tödlich gewordene Hochspannung des Vaters also gar nicht durch dessen Workaholismus entstanden, sondern wie dessen Arbeitswut bereits Ausdruck der Verdrängung des Schmerzes um den im Krieg gefallenen (Groß-)Vater. Analog zu späteren Berichten dieses Buches wird diese Deutung wahrscheinlich.

Insofern ist der Sohn nicht nur Blitzableiter für den Vater, sondern der gestaute Schmerz seines Vaters um seinen Vater entlädt sich durch ihn. So schlägt der Pulverblitz, der zum Tod des Großvaters geführt hat, bis zu ihm durch. So repräsentiert der Sohn den blockiert-verdrängten Seelenteil seines Vaters, der sich nach seinem Vater sehnt und zu ihm in die jenseitige Welt strebt.

In einer anderen Familie konnte ich feststellen, dass dort sogar zwei Personen zum Blitzableiter für die durch unverarbeitete, frühere tragische Ereignisse entstandene Hochspannung wurden: Eine Frau wurde vom Blitz erschlagen, ihr Bruder litt an Epilepsie. Zwei scheinbar völlig unterschiedliche Vorfälle. Als Deutung zu Epilepsie aber steht in dem Buch „Krankheit als Symbol" von Rüdiger Dahlke, wörtlich: „Entladung gewaltiger innerer (elektrischer) Spannungen; alle Sicherungen brennen gleichzeitig durch ... vergleichbar der medizinischen Elektroschockbehandlung ... innerer Stau entlädt sich ... Starkstromerlebnis ... Vergewaltigung durch etwas Übermächtiges ..."

Die scheinbar unterschiedlichen „Symptome" von Bruder und Schwester erweisen sich in dieser Betrachtung als sinn-identisch und verweisen damit auf eine für beide prägende traumatische Ur-Erfahrung. In diesem Fall handelte es sich dabei um die nach dem Krieg in der Familie unterschwellig als depressive Stimmung nachwirkenden Erfahrungen des Vaters von beiden. Der hatte im Zweiten Weltkrieg die Aufgabe gehabt, als Militärpfarrer Tausenden von verzweifelten und unter unendlichen Qualen sterbenden jungen Soldaten in ihren letzten Stunden beizustehen. An dem unsäglichen Leid, das er dabei erlebte, und an seiner eigenen Ohnmacht und Hilflosigkeit dem gegenüber, war er innerlich verzweifelt und zerbrochen. Er überlebte zwar den Krieg noch um einige Jahre, blieb aber gezeichnet und starb dann vorzeitig.

4.
Ewige Treue

Mehrere tausend Kilometer lagen zwischen der mitteldeutschen Kleinstadt und der deutschen Ostfront, die mittlerweile hinter Kiew verlief. Als Bernhard aus Südfrankreich mit seinem Truppenteil nach Russland verlegt werden sollte, hatte er es noch hinbiegen können, unterwegs zwei Tage Heimaturlaub zu bekommen, um seine Braut zu besuchen. Es war ein langer und schmerzlicher Abschied geworden. Nach Russland zu müssen, war eine beängstigende Vorstellung. Sie hatten vereinbart, dass sich ihre Blicke an jedem klaren Abend im Mond treffen sollten. Nun schaute Mathilde Anders wieder in den Mond und versuchte, sich über ihre Gefühle klar zu werden. Die täglich befürchtete Nachricht kam nicht. Nein, er war nicht gefallen. Nein, er musste leben. Aber warum hörte sie schon seit sechs Wochen nichts von ihm? Sie hatten einander fast täglich geschrieben. Und jetzt so eine lange Pause. Kam die Feldpost nicht durch? War er verwundet und konnte nicht schreiben? Was war passiert?

Weitere Tage und Wochen vergingen, in denen sie ihrem Verlobten treu weiter in allen Einzelheiten ihren Tagesablauf beschrieb. Dann endlich kam das befürchtete amtliche Schreiben. Jetzt war es so weit. Jetzt war die Gewissheit da. Sie nahm all ihren Mut zusammen und öffnete es. Die Botschaft war klar und ließ dennoch alles offen: „... wurde nach einem Angriff als vermisst gemeldet."

Jetzt durfte sie hoffen. Der Bruder ihrer Mutter war im Ersten Weltkrieg auch als vermisst gemeldet worden und schließlich wieder aufgetaucht. Er war zu einem anderen

Truppenteil versprengt worden und in Gefangenschaft geraten. So konnte auch ihr Bernhard noch am Leben sein und vielleicht morgen schon würde sie von ihm hören. Aber wenn er in Gefangenschaft wäre? Was machte der Russe wohl mit seinen Gefangenen? Vielleicht würde er in ein Arbeitslager nach Sibirien deportiert werden. Würde das nicht auch seinen Tod bedeuten, langsamer nur und qualvoller, als wenn er erschossen worden wäre?

Ach, sie machte sich Sorgen und quälte sich, sie malte sich die schrecklichsten Bilder aus und war zu Tränen bewegt. Sowohl wegen der vorgestellten Grausamkeiten als auch beim Traumbild ihrer glücklichen Vereinigung nach seiner Heimkehr. So bangte und hoffte und hoffte und bangte sie, aber sie erhielt keine weitere Nachricht von ihm und über ihn.

Der Krieg war zu Ende, Deutschland war zerstört. Der Suchdienst des Roten Kreuzes hatte seine Arbeit aufgenommen und sie wandte sich nach Hamburg, Berlin und München, ob über den Verbleib ihres Verlobten irgendwelche Nachrichten zu erhalten seien. Stand sein Name auf Listen von Gefangenen? War sein Grab doch irgendwo gefunden worden? Hatten Kameraden von ihm etwas Genaueres in Erfahrung bringen können? Sie erhielt Antwort vom Suchdienst aber keine Auskunft. Sämtliche Listen über Tote, Vermisste und Gefangenen seien völlig unvollständig, außer, dass er vermisst werde, könne man zur Zeit nichts in Erfahrung über ihn bringen. Zur Zeit. Sie würde also warten und hoffen müssen.

Jahre gingen dahin. Die ersten Gefangenen waren aus Russland zurückgekehrt. Bernhard war nicht dabei gewesen. Immer wieder schrieb sie an das Rote Kreuz, aber nie konnte man ihr dort etwas Neues mitteilen.

Sie begann sich mit dem Gedanken abzufinden, dass er wohl tot sein müsse. Irgendwo verscharrt in den Weiten Russlands. Irgendwo einsam und allein, in einem Grab ohne Namen und dessen Erde nicht von ihren Tränen getränkt worden war. Aber wenn sie auch glaubte, dass er nicht heimkehren werde, so konnte sie sich doch nicht für eine Beziehung zu einem anderen Mann öffnen. Die Vorstellung, dass dann ihr Bernhard eines Tages plötzlich vor ihrer Tür stehen könnte und sie ihn abweisen müsste, zerbrach ihr fast das Herz. Dann hätte sie niemals mehr glücklich sein können.

Obwohl ihr Verstand ihr sagte, dass ihr Verlobter vermutlich nicht mehr heimkommen würde, blieb sie ihm treu. Sie hörte niemals auf, ihn zu lieben und verschloss ihre Liebe tief in ihrem Herzen.

Doch das Leben ging weiter und sie musste für ihren Unterhalt Sorge tragen. Da kam ihr eine Anzeige in ihrer Kirchenzeitung gelegen. Ein katholischer Geistlicher suchte eine Haushälterin. Das war eine schickliche Hausgemeinschaft, in der sie weder alleine leben müsste noch ihrem Bernhard die Treue bräche. Da sie zudem zehn Jahre älter als jener Priester war, konnte sie eine halb mütterliche, halb partnerschaftliche Rolle einnehmen. Versorgen und versorgt sein, nah und doch nicht intim. Sie übernahm ihre Aufgabe mit Liebe. Mit der Liebe einer Frau voller Sehnsucht und Hingabebereitschaft. Sie diente ihrem Pfarrherrn wie eine Mutter ihrem Kinde und sorgte für ihn wie eine liebende Frau für ihren Mann. Offiziell erhielt sie ein Gehalt und hatte Anspruch auf Urlaub. Sie nahm den Urlaub nicht in Anspruch - wohin hätte sie alleine gehen sollen - und sparte ihr Geld größtenteils auf. Sie hatte kaum eigene materielle Bedürfnisse. Ihre Sehnsucht war, sich hinzugeben und zu lieben. Und sie liebte ihren Bernhard und ihren Pfarrherrn. Sie hätte sich auch gewünscht, geliebt zu werden, aber den Anspruch konnte sie an niemanden stellen. Bernhard war nicht da und vom Pfarrherrn trennte sie heilige Scheu und Scham.

In dessen Augen war und blieb sie seine Angestellte, die ein Gehalt erhielt und dafür ihre Pflichten und sogar mehr tat. Das war gut und anerkennenswert so. Nach drei Jahren übernahm er eine Aufgabe im bischöflichen Ordinariat in der nächsten Großstadt. Sie ging selbstverständlich mit ihm. Er brachte fast täglich Gäste zum Essen mit, das war ihr recht und ehrte sie. Sie aß dann allein in der Küche, um die geistlichen Herrn nicht zu stören. Er ging auf Reisen, sie blieb zu Hause. Er übernahm weitere Aufgaben, sie übernahm es, am Abend seine Unterlagen zu tippen. Sie war für ihn da. Sechsundzwanzig Jahre lang. Er war freundlich zu ihr wie zu einem Hund, weiter beachtete er sie nicht. Er benutzte sie wie einen Stuhl, der ihm gehörte. Sie hätte nie zugegeben, dass sie das kränkte, aber sie wurde krank. Sie erlitt mit 56 Jahren einen Schlaganfall, der sie halbseitig lähmte. Großmütig und seiner Pflicht bewusst besorgte ihr geistlicher Herr ihr zügig innerhalb weniger Tage einen Platz in einem katholischen Altenheim, um sie dort unterzubringen. Verwandte von ihm, die ihren treuen Dienst und ihre liebevolle Hingabe über die Jahre wahrgenommen hatten, sagten zu ihm, er könne doch nicht diese Frau, die wie eine Lebenspartnerin sein Leben geteilt habe, so einfach abschieben, aber er verwies auf den Dienstvertrag, der jetzt eben gekündigt worden sei, da sie ihre Aufgaben nicht mehr erfüllen könne.

Fräulein Anders aber hatte eine andere Rechnung aufgemacht. Sie hatte mit ihrer Liebe für ihn gelebt und sah ihn jetzt ohne ihre Hilfe verwaist. Mit zähester Ausdauer und unablässiger Übung schaffte sie es, ihre halbseitige Lähmung innerhalb von dreieinhalb Monaten so zu überwinden, dass sie sich fähig fühlte, wieder bei ihm zu leben und ihn zu versorgen, wenn er nicht so viele Gäste zum Essen mitbrächte. Er wies sie ab. Seine Gäste müssten bewirtet werden, das könne sie nicht mehr. Für ihn war die Angelegenheit damit erledigt. Er würde sie alle paar Wochen im Altersheim besuchen.

Sie aber kämpfte um ihn. Sie kämpfte um den, dem sie ihre ganze Liebe in den letzten Jahrzehnten geschenkt hatte, und bestand auf einer Probezeit. Sie wolle es auf ihre eigene Verantwortung hin versuchen, den Haushalt wieder zu führen. Er konnte es nicht abschlagen und ging darauf ein. Und sie schaffte es. Sie bewältigte ihre Arbeit wie früher. Abgesehen davon, dass sie ein wenig hinkte, und dass alles etwas langsamer ging, brachte sie die Energie auf, wieder voll einsatzfähig für ihn da zu sein. Es war wieder wie früher. Sie liebte - unerwidert.

Eigentlich hatte sie schließlich fast ihr ganzes Leben so geliebt, ohne selber Liebe zu erfahren. Sie hatte ihrem Verlobten eine ewige Treue gehalten und ihren Dienstherrn unerwidert geliebt und verehrt. Kann man so leben, kann man das aushalten? Sie hätte es offenbar nicht gekonnt. Ihre innere Spannung war so stark gewesen, dass ihr ein Blutgefäß im Kopf geplatzt war.

Mit ihrer sich daraus ergebenden Lähmung zwang sie ihre Umgebung gewissermaßen, sich ihr zuzuwenden. Da das nicht wirklich mit Liebe geschah, begab sie sich lieber in ihre alte Situation zurück als in der Verstoßenheit eines Altersheims dahinzusiechen.

Zwölf Jahre später wurde sie dann von ihrem inneren Mechanismus, mit dem sie ihr sehnsüchtiges Liebesleiden während Jahrzehnten verdrängt hatte, zunehmend überwältigt. Ihr Verdrängungsmechanismus gewann Gewalt über sie: Sie begann, alles zu vergessen. Die Ärzte und ihr christlicher Dienstherr nannten es eine Krankheit und brachten sie in einem Heim unter. Dort starb sie dann nach kurzer Zeit.

5.
Würgende Trauer

Bei dieser Gelegenheit will ich noch von einer anderen Partnerschaft berichten, bei der die Verbundenheit mit einem früheren Partner ebenfalls bis weit über den Tod hinaus reichte und ein merkwürdiges Symptom hervorbrachte.

Man fragt sich bei manchen Beobachtungen, die man macht: Ist das nun etwas von Bedeutung oder nicht? - Ebenso fragte ich mich, was es wohl zu bedeuten habe, dass die Teilnehmerin eines Rhetorik-Seminars eine sprachliche Absonderlichkeit aufwies, wie sie mir noch nie zu Gehör gekommen war: Sie sprach zum Beispiel beim Wort „machen" den kehligen Laut *ch* so weich wie in dem Wort „weich". Auf der einen Seite klang das sehr zart, auf der anderen Seite klang es furchtbar verklemmt. Verschiedene Leute hatten die Frau zwar schon auf ihre sprachliche Besonderheit aufmerksam gemacht, trotzdem war sie sich selbst darüber kaum im Klaren. Erst durch eine Videoaufzeichnung wurde ihr diese besondere Ausdrucksgestalt deutlich.

Ich befragte sie, was ihr wohl die Kehle so abgeschnürt haben möge, dass ihr das kehlige *ch* so eng und weich geworden war. Zunächst fiel ihr nichts dazu ein. Ich fragte sie, wann diese Sprechgewohnheit ihres Wissens zuerst aufgetaucht sei. Sie meinte, sich zu erinnern vor etwa fünf Jahren. Auf meine Frage, was ihr vor etwa fünf Jahren vielleicht als Schock in die Glieder gefahren sein könne, ob sie damals etwas Schweres, Traumatisierendes erlebt habe, schossen ihr sofort die Tränen in die Augen. Ihr Freund habe sich damals das Leben genommen. Das sei furchtbar für sie gewesen. Nachdem er seit etwa einem Jahr in die Drogenszene geraten gewesen sei, hätte sie die Beziehung mit ihm beendet. Etwa eine Woche später habe er sich umgebracht. Sie selbst habe kurz darauf ihren Heimatort verlassen und sich eine Arbeitsstelle in einer 800 km weit entfernten Stadt gesucht. Sie habe versucht, in einer neuen Umgebung den Schauplätzen ihrer Liebe und ihres Schmerzes zu entkommen. In dem neuen Umfeld mit neuen Leuten sei ihr das auch weitgehend gelungen.

Gleichzeitig mit ihren Worten konnte sie allerdings ihren Tränen entnehmen, dass ihr alter, nun schon fünf Jahre zurückliegender Schmerz noch längst nicht verheilt war, dass er ihr ständig beim Sprechen noch den Hals zuschnürte und nicht der Vergangenheit angehörte.

Viereinhalb Jahre nach dem Tod dieses Freundes hatte sie keine Beziehung mit einem anderen Mann gehabt. Erst vor einem halben Jahr hatte sie wieder einen Mann kennengelernt, auf den sie sich einlassen konnte. Als sie ihn zwei Monate kannte, vertraute er ihr an, dass sich zwei Jahre zuvor seine frühere Freundin das Leben genommen habe. So hatten sie einander als gleichermaßen Leidende intuitiv gefunden. Das war die Basis ihres gemeinsamen Empfindens, darüber versuchten sie, wohl wissend, was den anderen belaste, einander zu trösten.

So gibt es nichts Bedeutungsloses und keine Zufälle. Alles hat einen tieferen Sinn. Ich empfahl ihr, bei jedem weichen *ch*, das sie bei sich feststellen würde, dem Andenken ihres Freundes einen liebevollen Gedanken zu widmen.

6.
Partnerwahl

Eine ähnliche Konstellation bei der Partnerwahl wie im vorigen Bericht habe ich in einer anderen Familie feststellen können:

Ein Mann hatte neben einigen weiteren Geschwistern vier Geschwister, die alle um die letzte Jahrhundertwende zwischen ihrem zweiten und siebten Lebensjahr zum Teil nach längerer Krankheit starben. Es herrschte in der Familie also während mehrerer Jahren eine gedämpfte, traurige Stimmung.

Die Tochter dieses Mannes wählte sich um 1950 einen Ehepartner, der selbst vier verstorbene Geschwister gehabt hatte. In ihm konnte sie die vertraute Grundgestimmtheit ihres Vaters vermutlich wieder finden.

Der Sohn von diesen beiden heiratete um 1980 eine Frau, die drei nach ihr geborene Geschwister gehabt hatte, die ebenfalls als Kleinkinder gestorben waren. Die Beziehung dieser beiden begann als eine Liebe auf den ersten Blick und hielt zwölf Jahre lang. Die weit zurückreichende Konstellation von zahlreichen verstorbenen Geschwistern war ihnen während dieser Zeit nicht bewusst und sie haben auch nie darüber gesprochen.

So stehen Anziehung und Sympathie häufig im Zusammenhang mit gleichartigen Grundgestimmtheiten der Menschen, die sich begegnen. Interessanterweise bedeutet das Wort „Sympathie“ aus dem Griechischen ins Deutsche übersetzt: „Mitleiden“ oder „Mitfühlen“.

7.
Verpasste Gelegenheit

Eine ältere Dame lebte, seit ihr Mann gestorben war, allein. Das fiel ihr schwer. Sie fühlte sich oft einsam und der Rhythmus ihres Lebens hatte sich seitdem verändert, ohne dass sie sich damit hätte anfreunden können.

Nach mehrfachen Herzbeschwerden wurde sie von ihrem Hausarzt darüber aufgeklärt, dass sie Herzrhythmusstörungen habe. Der Arzt empfahl ihr dringend, sich einen Herzschrittmacher „einbauen" zu lassen. Die alte Dame dagegen erklärte, sie wolle kein solches technisches Gerät in ihrem Körper haben, lieber wolle sie, wenn ihre Zeit denn gekommen sei, sterben.

An einem schönen Sommertag kam eine um einige Jahre jüngere Freundin sie besuchen und lud sie zu einer Fahrt zu einem der wunderschönen Seen der Umgebung ein. Sie willigte ein und sie erlebten nach einem Nachmittag voll guter Gespräche einen großartigen, farbenprächtigen Sonnenuntergang. Beide meinten, sie hätten solch einen die Seele berührenden Sonnenuntergang noch nie in ihrem Leben erlebt. Die jüngere Frau stand hinter der älteren und empfand, dass diese den Tränen nah war. Von tiefer, innerer Liebe berührt, drängten sich ihr die Worte auf die Lippen: „Du, ich liebe Dich!" Und sie hätte die andere gern sanft berührt.

Sie war aber doch so befangen und gehemmt, dass sie sich scheute, so große Worte auszusprechen und schwieg deshalb.

Noch bevor die Sonne ganz untergegangen war, wandte sich

die Ältere ab und sagte: „Soviel Schönheit halte ich nicht aus, lass uns gehen.“ Sie fuhren zurück.

Zwei Wochen später starb sie plötzlich. Es hieß, an Herzschwäche.

Als die andere das erfuhr, empfand sie, dass ihre Freundin mit dem *Herz*eleid um ihren verstorbenen Mann und in ihrer *Herzen*seinsamkeit dringend *herz*liche Zuwendung gebraucht hätte. Da sie selbst eine so echte Liebe empfunden hatte, warf sie sich vor, sie nicht ausgesprochen und ausgedrückt zu haben und fragte sich, ob sie mit ihrer Liebeserklärung nicht vielleicht sogar das Leben der anderen hätte verlängern können. Sie fühlte sich einer grob fahrlässigen Unterlassung schuldig. Vielleicht hätten ein paar liebevolle Gesten und Worte deren Herz trösten und vielleicht wieder in einen harmonischeren Rhythmus bringen können.

Als die Überlebende daraufhin in ihr eigenes Leben zurückblickte, entdeckte sie, wie oft sie schon vor lauter Hemmungen anderen ihre Liebe vorenthalten, in sich festgehalten und nicht ins Strömen freigegeben hatte. Sie erkannte, um wie viel reicher ihr Leben gewesen wäre, wenn sie die Liebe öfter gewagt hätte. Aber ihr Mund war stumm geblieben, ihr Herz war gefangen geblieben, und sie hatte sich und anderen durch ihr Schweigen Leid zugefügt.

In der Trauerhalle bat sie ihre verstorbene Freundin um Vergebung für ihr Schweigen und versprach ihr und sich, ihre Liebe nie mehr ängstlich zurückzuhalten, sondern sie künftig frei und offen aus ihrem Herzen zu anderen Menschen strömen zu lassen.

8.
Symbiose

Sechs Stunden, nachdem Frau Scholz im Alter von 93 Jahren friedlich verschieden war, wurde ihr Sohn, das einzige Kind, von einem Schlaganfall getroffen und starb innerhalb weniger Minuten. Mutter und Sohn wurden am selben Tag im selben Grab bestattet. Der Sohn hatte sie nur um ein paar Stunden überleben können.

Nach diesem außergewöhnlichen Zusammenfall stellte ich mir die Frage, ob dieser Mensch den Mutterleib überhaupt schon verlassen hatte oder ob er noch mit einer psychischen Nabelschnur so mit seiner Mutter verbunden war, dass er gleichzeitig mit ihr sterben musste? Einige Spuren wiesen auf eine solche unaufgelöste Mutter-Sohn-Beziehung hin:

1. Die Mutter wohnte seit über 30 Jahren mit dem Sohn zusammen in einem Haus, das sie gemeinsam gebaut und finanziert hatten.

2. Der Mann der Mutter war 20 Jahre älter als diese gewesen und von seinem Wesen her ein despotischer Patriarch. Er war seiner Frau niemals zu einem wirklichen Partner geworden. So hatte der Sohn seiner Mutter leicht wesentlich näher stehen können als deren Mann.

3. Mutter und Sohn waren während des Zweiten Weltkrieges gemeinsam in einem Konzentrationslager gewesen und waren gemeinsam aus dem Sudetenland vertrieben worden. Danach hatten sie gemeinsam einen neuen Anfang gemacht. Sie waren also auch durch ihr historisch bedingtes Schicksal auf beson-

dere Weise zusammengeschweißt worden..

4. Als der Sohn heiratete, gab es von Anfang an heftige Spannungen zwischen Mutter und Schwiegertochter. Ebenso gab es ständig Spannungen zwischen dem Sohn und seiner Frau. Sie war also eher ein störender Fremdkörper in der Mutter-Sohn-Beziehung und wurde gerade geduldet. Von Spannungen zwischen Mutter und Sohn wurde nicht berichtet.

5. Kurz vor dem Tod der Mutter, als ihr Ende schon absehbar war, hatte deren Schwiegertochter zu ihrem Mann gesagt: "Wenn wir erst Deine Mutter nicht mehr pflegen müssen und die Verantwortung für sie nicht mehr tragen, dann kann endlich eine Zeit kommen, wo wir es uns miteinander schön machen können." Sechs Stunden hatten sie Zeit dafür.

6. Zwischen Mutter und Schwiegertochter hatte es wenige Tage vor dem Tod noch eine Versöhnung und ein gegenseitiges Verzeihen gegeben. Zwischen der Frau und ihrem Mann war es dazu nicht mehr gekommen. Konnte er ihr nicht verzeihen, dass sie immer zwischen ihm und seiner Mutter gestanden hatte?

7. Das, was "Sudetenland" in dieser Familie repräsentierte, starb an einem Tag. Entwurzelt aus seiner räumlichen Heimat starb er an dem Tag, an dem er zusätzlich seine körperliche Heimat, die Mutter, verlor. Entwurzelt hatte er sich an sie geklammert und nirgendwo sonst, auch nicht bei seiner Frau, neue Wurzeln schlagen können. Insofern war er noch ein spätes Kriegsopfer.

8. Der Sohn starb seiner Mutter hinterher, wie ein Kind im

Mutterleib mit seiner Mutter stirbt. Er starb ihr hinterher wie ein Ehepartner manchmal dem anderen schnell folgt. In seinem Sterben und ihrem gemeinsamen Begräbnis im selben Grab drückte sich die Unaufgelöstheit ihrer Verbindung aus.

Man kann diese Beziehung zwischen Mutter und Sohn als symbiotisch bezeichnen. Solche Beziehungsmuster kommen nicht nur zwischen Mutter und Kind vor, sondern können auch in Partnerschaften beobachtet werden. Dabei wird dann aus ursprünglich zwei getrennten Persönlichkeiten unter Aufgabe ihrer jeweils eigenen Identität ein gemeinsames neues Ganzes, was zur Folge hat, dass der eine das Schicksal des anderen mit erleidet. Wenn nach einer Jahrzehnte währenden Ehe eine solche Symbiose entstanden ist, sterben dann oftmals beide kurz hintereinander. Aus der Erfahrung, dass eine solche Verschmelzung in Ehen häufig vorkommt, gewinnt auch die mit moralischen oder sozialen Normen unterstützte Warnung vor Scheidung einen Sinn. Man fügt sich unter Umständen damit selbst einen größeren Schaden zu als man dabei an Vorteilen gewinnt. Die Auflösung einer Symbiose ist vermutlich immer eine heikle Angelegenheit, die nur mit größter Behutsamkeit und Bedacht unternommen werden darf.

Entsprechend groß können die Verletzungen von Kindern bei einer Scheidung der Eltern sein, wenn sie sich noch in symbiotischer Verbindung mit beiden Elternteilen befinden. In den ersten zehn Lebensjahren wird das immer der Fall sein. Erst in einer gelingenden Pubertät findet die psychische Ablösung aus dieser Symbiose statt.

9.
Enterbt

Der Großbauer, der selber die Tochter eines Rittergutbesitzers geheiratet hatte, würde es vielleicht noch geduldet haben, dass sein ältester Sohn Ernst, der den Hof übernehmen sollte, sich mit einem Dienstmädchen abgab. Als der Sohn dann aber darauf bestand, dieses Mädchen auch noch zu heiraten, war der Familienfrieden zerstört. Die Ehe des Hoferben sollte standesgemäß sein. Der nach alter Tradition rechtmäßige Erbe jedoch bestand auf seinem Willen und fühlte sich in seinem Stolz und seiner Mannesehre von seinem Vater verletzt und gekränkt.

„Ich lasse mir keine Vorschriften von Dir machen, wen ich heiraten soll!“, schrie er seinen Vater an. Und der, über so viel Widerborstigkeit erbost, donnerte mindestens so heftig zurück und drohte: „Du wirst schon sehen, wer hier das Sagen hat! Wenn Du diese hergelaufene Dirne heiratest, enterbe ich Dich und gebe den Hof dem Karl!“ Darauf entgegnete der Sohn dann nur noch: „Ich brauche weder Dich noch Deinen Hof!“, und sie gingen im Streit auseinander.

So geschah es dann auch. Vater und Sohn fanden sich auch in den folgenden Tagen nicht wieder zusammen und Ernst bekam gerade soviel Geld, dass er es sich leisten konnte, mit seiner Frau für immer nach Amerika auszuwandern.

Karl bekam dadurch - auf Kosten seines Bruders - den Hof, der ihm von altem Erstgeborenenrecht her nicht zugestanden hätte. Kann man erwarten, dass er mit diesem Hof und mit dem inneren Gefühl eines Unrechts, das der Vater seinem Bruder Ernst zugefügt hatte, wirklich glücklich geworden ist?

Karl starb drei Jahre, nachdem er den Hof übernommen und mit seiner Frau einen Sohn gezeugt hatte, an einer Lungenentzündung. Seine Frau Auguste übernahm den Hof und bewirtschaftete ihn allein weiter. Der alternde Vater half noch, so gut er konnte und musste die „Weiberwirtschaft“ mit ansehen, was ihm gar nicht passte. Einige Jahre später brannte dann das Herrenhaus und der größte Teil der Wirtschaftgebäude in einem grandiosen nächtlichen Schauspiel ab. Auguste erhielt zwar eine ansehnliche Versicherungssumme, aber die hätte nicht für einen Wiederaufbau gereicht und sie fühlte sich auch nicht stark genug, einen neuen Anfang auf dem Hof zu machen, der ihr nicht viel Glück gebracht hatte. So verkaufte sie die Ländereien und erwarb mit ihrem Sohn zusammen einen Gasthof in einem benachbarten Ort. Die alte Gutsherrschaft war damit am Ende. „Unrecht Gut, gedeiht nicht gut“, sagt der Volksmund dazu.

Und wie erging es Ernst in Amerika? Wir hören nur Gutes. Er wurde Farmer und hatte mit seiner Frau viele Kinder. Er korrespondierte mit seinen Geschwistern und schickte ihnen in der Hungerzeit nach dem Ersten Weltkrieg Lebensmittelpakete.

Von seinen neun Geschwistern aber fanden nach den dramatischen Vorgängen um Ernsts unstandesgemäße Verehelichung und Enterbung sieben nicht den Schritt in eine Ehe. Sie blieben unverheiratet und kinderlos. Der Schock der existenzbedrohlichen Folgen einer falschen Partnerwahl mag den Jüngeren zu tief in ihre kindlichen Seelen gefahren sein, als dass sie sich auf das Risiko einer Partnerwahl innerlich hätten einlassen können.

10.
Parallelität und Ausgleich

Frau Franz war kinderlos und alleinstehend. Sie war wohlhabend und besaß ein kleines Vermögen. Als sie 66 Jahre alt war, wurde ihr eine gewinnbringende Kapitalanlage angeboten und sie hatte beschlossen, ihr Vermögen darin anzulegen. Es handelte sich um Immobilien in Holland. Ein sympathischer Makler hatte sie beraten, ihr Bilder gezeigt und so setzte sie schließlich ihre Unterschrift unter das entsprechende Dokument. Kurz darauf fuhr sie in Urlaub ans Mittelmeer. Als sie zurückkam, stellte sie an ihrem linken Unterschenkel einen kleinen Mückenstich fest, der nicht heilte. Er nässte und mehrere Ärzte wussten nicht viel mehr damit anzufangen, als ihr ein paar Salben zu verschreiben. Zunächst machte sie sich keine Gedanken darum, als aber nach einem Jahr der kleine Stich immer noch nässte und sich sogar etwas vergrößert hatte, merkte sie, dass ihr auch das Gehen mit diesem Bein etwas schwerer fiel. Sie konsultierte wieder verschiedene Ärzte, aber erst sehr spät wurde erkannt, dass hier ein Melanom, ein bösartiger, streuender Krebsherd vorlag. Vier Monate später war Frau Franz tot.

Ihre nächsten Verwandten, ein Cousin und seine Familie fragten sich gespannt, wie groß das Immobilienvermögen der Tante sei und was sie als Erben zu erwarten hätten. Als man eine Vermögensaufstellung zu machen versuchte und die einzelnen Posten überprüfte, stellte sich jedoch schon vor der Testamentseröffnung heraus, dass nichts da war. Die Sache mit den holländischen Immobilien war Betrug gewesen und das ganze Vermögen der Tante war weg.

Ein kleiner Mückenstich und eine kleine Unterschrift waren der Beginn eines Prozesses der vollständigen Aufzehrung gewesen. Ihr Unterbewusstsein hatte den Betrug mit bekommen und sie durch das Auslaufen einer kleinen Wunde darauf aufmerksam zu machen versucht. Sie hatte es nicht erkannt, und ihren Vermögensruin nicht stoppen können. So lief der körperliche und der finanzelle Auflösungsprozess parallel weiter bis zum Tod. Vielleicht führte auch ihr Widerstand, sich eine solch schwerwiegende Fehlentscheidung einzugestehen, dazu, dass sie lieber starb, als mit dieser Schande und arm vor den Menschen in ihrer Umgebung zu stehen.

Bei einem Unternehmer habe ich eine ähnliche Beobachtung machen können: Er wurde als 50-jähriger langsam krank und starb schließlich. Erst kurz darauf wurde offenbar, dass der Konkurs seines Unternehmens wegen ausfallender größerer Zahlungen nicht mehr zu vermeiden war. Der Mann, der sein Unternehmen selbst gegründet hatte und sich entsprechend stark damit identifizierte, war gleichzeitig mit seinem Unternehmen zugrunde gegangen.

Ebenso löste sich gleichzeitig mit dem Zerfall seiner Macht die Gesundheit des Staatspräsidenten Mobutu von Zaire in Form einer Krebserkrankung auf. Drei Monate nach seiner Entmachtung 1997 war er tot.

So weit die Deutung auf dieser Ebene. Zwei Jahre nachdem ich die Geschichte von Frau Franz aufgeschrieben hatte, erhielt ich eine zusätzliche Information, die eine weitere, noch tiefere Ebene enthüllt:

Die Eltern ihres Cousins, den sie in ihrem Testament tatsächlich zu ihrem Haupterben eingesetzt hatte, hatten Jahrzehnte zuvor Folgendes mitbewirkt: Sie hatten den Vater von Frau Franz in den Dreißiger Jahren gebeten, für sie eine Bürgschaft über mehr als Hunderttausend Mark zu übernehmen.

Er hatte das im Vertrauen darauf getan, dass für ihn kein Risiko dabei sei, und dass sein Bruder das Geld pünktlich zurückzahlen werde. Wenige Tage später erfuhr er aber von anderen Verwandten, dass dieser Bruder sich in den letzten Jahren schon von mehreren seiner Geschwister Geld geliehen und noch keinem auch nur einen Pfennig zurückgegeben habe. Der bürgende Bruder, also der Vater von Frau Franz, war darüber so schockiert, dass er sich am Abend des selben Tages das Leben zu nehmen versuchte und sich die Pulsadern aufschnitt.

Er bereute das zwar sofort und ging noch mit einem selbst angelegten Notverband ins nächst gelegene Krankenhaus, dort starb er dann aber nach einigen Tagen an einer Infektion, die er sich dort zugezogen hatte.

Auch wenn sein Bruder den Kredit dann später pünktlich zurückzahlte, so kann man sich doch in Vermutungen darüber ergehen, ob er das auch getan hätte, wenn der Vater von Frau Franz noch gelebt hätte. Für sie blieb also der Geschmack zurück, dass ihr Vater wegen dieser Angelegenheit gestorben war, und dass die Verwandten nicht ganz unschuldig daran waren.

Insofern ist es durchaus passend, dass sie ihnen kein Geld hinterlassen konnte. So wie sie ihnen zwar keinen direkten Vorwurf machen konnte, fügte sie ihnen auch keinen direkten

Schaden zu. Ihr Unterbewusstsein wusste es einfach so einzurichten, dass ihr zu vererbendes Vermögen kurzfristig vernichtet wurde.

Ein überraschendes Indiz für den Zusammenhang mit dem Tod ihres Vaters fand sich darin, dass Frau Franz auf den Tag genau wie ihr Vater am 11. August starb.

Der Unterschied beider Deutungen der Geschichte von Frau Franz liegt darin, dass die erste aufzeigt, wie sie gleichzeitig mit der Vernichtung ihres Kapitals stirbt und die Kausalität von der Geldvernichtung auszugehen scheint. Bei der zweiten hingegen verweist die Kausalität in entgegengesetzter Richtung: Parallel zu ihrem Sterben sorgt sie für die Vernichtung ihres Kapitals.

Man könnte fragen, welche Deutung denn nun richtig ist und stimmt. Man kann an diesem Beispiel aber auch erkennen, dass auf unterschiedlichen psychischen Ebenen verschiedene Prozesse gleichzeitig in unterschiedlichen Richtungen ablaufen können. Das läßt sich wieder am Beispiel der Partitur mit ihren verschiedenen Stimmen verdeutlichen: Geige und Bratsche spielen gleichzeitig. Jedes Instrument spielt seine eigene Melodie. Wenn man sie nacheinander hören würde, klängen sie unterschiedlich und hätten scheinbar wenig oder nichts mit einander zu tun. Die eine Stimme könnte von hohen zu tiefen Tönen, die andere von tiefen zu hohen verlaufen. Dennoch klingen sie auch zusammen und sind in Bezug aufeinander geschrieben. Sie passen zueinander. Sie gehören zueinander. Aber keine ist wegen der anderen da. Keine ist auch Ursache der anderen. Sie verlaufen einfach parallel.

11.
Schmerz und Tabu

Josef M. galt als Lebemann. In den Dreißiger Jahren bekam seine damalige Geliebte, eine verheiratete Frau, die schon zwei Kinder hatte, ein Kind von ihm. Es wurde eine Tochter und sie wurde Renata genannt. Man munkelte in der Verwandtschaft darüber - und schwieg. Die Mutter des Kindes hieß Gertrud. Sie führte Josef mit einer Traudel zusammen, die er schließlich auch heiratete, und beendete den Kontakt. Mit Traudel bekam er vier Kinder. Seine Tochter Renata sah er nicht mehr. Traudel scheint nichts von Renata gewusst zu haben. Die vier Kinder von Josef und Traudel wussten ebenfalls nichts von ihrer Halbschwester Renata. Sie blieb verheimlicht und war tabu.

Die wichtigsten Ereignisse in Josefs Familie während der nächsten Jahrzehnte sollte man einmal im Zusammenhang mit dieser Vorgeschichte betrachten:

- Josef und Traudel führten während ihrer ganzen Ehe Krieg. Von Traudel wird überliefert, sie habe gesagt, sie hasse es, verheiratet zu sein und Kinder kriegen zu müssen.

- Nach 25 Ehejahren machte Josef einen Selbstmordversuch.

- Als Josef sich nach 28 Ehejahren scheiden ließ, hatte der Hass zwischen ihm und seiner Frau schon so lange gewütet, dass ihre einzige Tochter beschloss, niemals zu heiraten. Sie ist mittlerweile 45 Jahre alt und tatsächlich unverheiratet geblieben.

- Der älteste Sohn von Josef und Traudel war seit Kindheit

depressiv und ist es trotz verschiedenen Therapieversuchen geblieben.

- Der zweite Sohn wurde für viele Jahre Alkoholiker, lebte ständig in bitterem Streit mit seinem Vater und starb mit 48 Jahren an Krebs.

- Der dritte Sohn litt nach Angabe der anderen am heftigsten unter der Zwietracht und Trennung seiner Eltern und starb mit 43 Jahren an Kehlkopfkrebs. Bemerkenswert ist, dass seine Freundin Gertrud hieß.

- Renata, Josefs verleugnetes ältestes Kind, starb ebenfalls an Krebs. Sie war das erste von Josefs Kindern, das starb. Sie war erst 38 Jahre alt, als sie „unter unsäglichen Schmerzen“ zugrunde ging, und musste zwei Kinder zurücklassen.

Josef erfuhr von Renatas Tod durch eine Todesanzeige aus der Tageszeitung. Da seine Familie nichts von Renata wusste, konnte er weder zum Begräbnis gehen, noch sonst seine Trauer und seinen Schmerz äußern oder zeigen. Das Thema Renata war tabu.

Bei Josef blieb der verborgene Schmerz dennoch erhalten. In einer geheimen Seelenkammer mag er jahrelang versteckt gehalten worden sein. Dann aber wurde bei Josef ein Hirntumor entdeckt, der zwar nur langsam wuchs, der aber doch zeigte, dass da etwas ins Bewusstsein drängte; dass da ein Bereich in seinem Kopf war, ein Komplex, der mehr Energie als es gesund war hatte, und der wucherte. Man kann nichts verdrängen, alles kommt irgendwann wieder ans Tageslicht. Zwar schon in höherem Alter starb Josef M. dann aber schließlich qualvoll und lange künstlich weiter betäubt an diesem (be-) drückenden Ballast.

Wie der Name seiner Frau schon ausdrückte, war Traudel ein kleiner Ersatz für Gertrud. Sie war von Anfang an nicht richtig geliebt sondern als Ersatzfigur belogen worden. Deshalb hatte sie auch selber nicht richtig lieben können - weder ihren Mann noch ihre Kinder. Den Kindern von Josef und Traudel mangelte es entsprechend an dieser Liebe und sie mögen für ihn teilweise Ersatz für sein erstes Kind gewesen sein. In unbewusster Hinwendung zu ihrem vermissten ältesten Geschwister konnten sie alle nicht leicht und fröhlich in ihr eigenes Leben gehen, sondern sträubten sich: der eine war depressiv, der andere floh in Alkohol und Ablehnung seines Vaters, der dritte symbolisierte durch seine Verbindung mit einer Gertrud, wieder die erste Frau des Vaters in der Familie. Indem zwei Söhne früh starben, gingen sie „heim" zu ihrer Schwester Renata, die um ihren fehlenden Vater und ihre Trennung von vier Halbgeschwistern „unsägliche Schmerzen" gelitten hatte.

Josef M. erreichte zwar ein hohes Alter von 91 Jahren, aber er hatte schweres Leid daran zu tragen, dass er drei von seinen fünf Kindern qualvoll sterben sehen musste.

So wurde in dieser Familie durch die Verleugnung und Ausschließung einer eng dazugehörigen Person eine jahrzehntelang währende Spirale weiteren Leidens in Gang gesetzt. Und all das möglicherweise nur aus der guten Absicht, seine Frau Traudel vor einer vermeintlich unschicklichen Wahrheit zu schonen.

Doch auch hier sollte nicht von persönlicher Schuld oder persönlichem Versäumnis gesprochen werden. Auch diese Geschichte steht in Verbindung mit einem dramatischen weiteren Vorspiel, das sich zwei Generationen früher ereignet hat. Da dieser Zusammenhang aber auf einer anderen Ebene spielt, wird darüber erst im 1. Bericht von Kapitel IV berichtet.

Josef M. heiratete übrigens ein zweites Mal und lebte mit dieser Frau 23 Jahre zusammen. Am Tag seines Todes erlitt seine erste Frau Traudel, die 650 Kilometer entfernt lebte, einen Herzanfall und kam in eine Klinik. Sie hatte keinen neuen Partner mehr gehabt. Sechs Wochen später starb sie und folgte so ihrem „einzigen“ Mann kurzfristig nach. Eine unterschwellige Verbindung war trotz jahrzehntelanger Trennung erhalten geblieben.

12.
Hirngespinst

Ähnlich unheilvoll wie im letzten Bericht hat sich ein ebenfalls verdrängtes und unaussprechliches Thema in einer anderen Familie ausgewirkt:

Heike lebte in der DDR und als sie 15 Jahre alt war, verliebte sie sich in ihren Cousin Klaus, der damals erstmals aus dem Westen zum Verwandtenbesuch in ihre Familie kam. Beide schrieben einander viele Briefe und empfanden die Grenze mit dem Todesstreifen zwischen ihren beiden Staaten als äußerst schmerzlich und trennend. Klaus hatte ein sehr inniges Verhältnis zu Heike und empfand eine herzliche freundschaftliche Zuneigung. Einmal im Jahr besuchte er Heike für acht bis zehn Tage, dann mussten sie einander wieder Briefe schreiben. Selbst telefonieren war nicht möglich. Die Trennung, die Sehnsucht, die Entfernung, - all das entfachte die Gefühle der beiden zueinander und Heike stellte sich in ihrer Phantasie eine vollkommene Liebesbeziehung zwischen ihnen beiden vor. Klaus ahnte das und versuchte deshalb während eines Besuchs klare Verhältnisse zu schaffen. Er teilte Heike mit, dass sie nicht erwarten dürfe, dass er sie jemals heiraten würde, und sei es auch nur, um ihr damit über eine staatliche Familienzusammenführung einen Weg in den „Goldenen Westen" zu bahnen. Heike erwiderte darauf nur, dass sie das auch nie erwartet hätte, und damit war das Gespräch beendet.

Im nächsten Jahr allerdings flüsterte ihm eine Freundin von Heike zu, dass diese sechs Wochen lang nur geweint habe, nachdem es im letzten Jahr mit ihm „nichts geworden" sei. Jetzt habe sie allerdings einen festen Freund. Klaus erkundigte sich daraufhin bei Heike nach diesem Freund, von dem er bislang noch nichts gehört hatte, aber sie winkte nur ab: „Ohne Bedeutung!" Trotzdem erhielt Klaus sechs Wochen später eine Verlobungsanzeige von Heike und Bert. Später erfuhr er, dass dieser ihm sogar ähnlich sehe.

Heike hatte Bert also als Ersatzkandidaten genommen und noch ein letztes Mal abgewartet und versucht, ob es mit Klaus nicht doch noch klappen würde.

Die spätere Ehe von Heike und Bert wurde entsprechend eine heikle und schwierige Beziehung. Bert, der eigentlich gar nicht wirklich gemeint war, nahm im ersten Ehejahr zwanzig Kilogramm zu, im zweiten legte er zehn weitere darauf. „Kummerspeck" könnte man das nennen. Damit sah er Klaus nun gar nicht mehr ähnlich. Wenn Heike ihn zuvor noch als Ersatzkandidaten geliebt haben mochte, war das nun auch nicht mehr möglich. Charakterlich war er ohnehin ein ganz anderer Typ als Klaus. Da sie schließlich ein Kind miteinander bekamen, war auch eine Trennung nicht nahe liegend. Heike und Bert blieben also zusammen und gingen einander gleichzeitig aus dem Weg. Er wurde zum Workaholic und sie bekam Migräne.

Als nach einigen Jahren Klaus wieder einmal - und dazu noch mit seiner Partnerin - zum Besuch in die DDR kam, brach Heike einen Tag nach ihrer Begegnung ohnmächtig in ihrer Wohnung zusammen. Bert, der sie fand, hielt sie einen Augenblick lang für tot.

Heike hatte ihren „Traummann" zusammen mit einer anderen Frau gesehen und hatte das nicht ausgehalten. Ein halbes Jahr später wurde bei ihr ein Hirntumor diagnostiziert. Ihr Traummann war ihr zu einem „Hirngespinst" geworden. Vier Jahre später nach mehreren „erfolgreichen" Operationen starb sie daran.

Bert, der Ersatzmann und Ungeliebte, der in Arbeit und Übergewicht geflohen war, und trotzdem vier lange schwere Jahre mit aller Kraft mit Heike um ihr Leben gekämpft hatte, heiratete schnell wieder. Aber er hatte seitdem Herzbeschwerden. Vier Jahre später, er war gerade 40 Jahre alt geworden, starb auch er. Die ärztliche Diagnose lautete: Herzinfarkt.

Er folgte mit gebrochenem Herzen seiner Heike - und seinem Vater. Der war ebenfalls mit 40 Jahren gestorben. Bert war damals 13 gewesen und hatte diesen Tod nicht bewältigen können. Seine lebenslängliche Verweigerung von Friedhofsbesuchen zeugte davon. Da er nicht gelernt hatte, mit Sterben und Tod umzugehen, konnte er auch nicht den Tod seiner Frau verarbeiten und verkraften. Manch anderer wäre mit einem solchen Ereignis fertig geworden. Ihn zerbrach es, ihm brach es - trotz neuer Liebe - das Herz.

13.
Zerbrochenes Selbstbild

Paul Althoff war 52 Jahre alt. Seit über 12 Jahren betreute er für seine in Köln ansässige Firma den Großraum Frankfurt. Er war Verkäufer im Außendienst und beriet Kunden beim Innenausbau ihrer Wohnungen. Sein Gebiet war das ergiebigste in Deutschland und er engagierte sich fast rund um die Uhr. So war es kein Wunder, dass er seit mehreren Jahren der erfolgreichste Verkäufer seiner Firma war und die jährliche Prämie für den Starverkäufer kassierte. Seine Spitzenposition war unangefochten und wegen seiner sympathischen Art war er trotzdem unter seinen Kollegen beliebt.

Als sein Kollege, der den Großraum Köln betreute, die Firma verließ, wurde ein 31-jähriger Nachwuchsverkäufer für diese Region neu eingestellt. Er war ledig, engagiert, jung und neu. Innerhalb eines halben Jahres war er in der als schlecht geltenden Kölner Region mit seinen Umsatzzahlen haarscharf an den Umsätzen von Paul Althoff. Althoff beglückwünschte den Neuen und wünschte ihm weiterhin viel Erfolg. Der trat ein. In den nächsten Monaten überholte der Neue Paul Althoff. Dem verschlug das neue Tempo den Atem. Als Nichtraucher bekam er trotzdem Probleme mit seiner Lunge und war in der folgenden Zeit mehrfach für drei, vier und sogar fünf Wochen krank. Der Chef übertrug dem Neuen die Vertretung im Frankfurter Gebiet. Die Umsätze des Neuen wuchsen weiter. Er erzielte monatliche Umsätze, wie sie noch nie dagewesen waren. Der Neue wurde bejubelt und hofiert. Selbstverständlich bekam er die Jahresprämie für den Star. Paul Althoff hatte sein Image als Spitzenverkäufer verloren. Es hatte ihm den Atem verschlagen und er fühlte sich unfähig, es so mit dem

Neuen aufzunehmen, als dass er, Paul Althoff, wieder seine alte Rolle als unerreichbarer Spitzenverkäufer einnehmen könnte. Drei Monate, nachdem der Neue die Jahresprämie für den erfolgreichsten Verkäufer bekommen hatte, war Paul Althoff tot.

Er hatte sich in seinem Selbstbild dermaßen stark damit identifiziert, Bester zu sein, dass der Verlust dieser Position für ihn einen tödlichen Grad an Selbst- oder Identitätsverlust bedeutete. Seine Gesundheit war durch seine Vorstellung, wie und was er zu sein hätte, stranguliert worden.

Der Neue ist mittlerweile kein Neuer mehr. Durch die vielen Vertretungen im Frankfurter Raum wurde es notwendig, das Kölner Gebiet mit einem anderen Verkäufer zu besetzen. Da er aber nicht nach Frankfurt ziehen und den dortigen Bereich übernehmen wollte, blieb für ihn die Rolle eines Springers. Vornehmlich bereist er jetzt umsatzschwache ländliche Gebiete, die zu keinem eigenen Verkaufsbereich gehören und muss dafür häufig von Köln aus für mehrere Wochen nach Bayern, Thüringen oder Sachsen fahren. Er hat inzwischen die Lust an seinem Job verloren und kann längst nicht mehr die Spitzenumsätze jener Zeit bringen. Seine Firma benutzt und verschleißt ihn gnadenlos. Anerkennung gibt es nicht.

14.
Tödliche Lüge

Herr Baumann war Personalchef einer namhaften Essener Firma, für die ich seit Jahren viele Seminare erfolgreich durchgeführt hatte. Eines Tages meldete er sich zu einem Gespräch bei mir an, das er ausdrücklich unter vier Augen mit mir führen wollte. Da er mich noch nie besucht hatte, war ich besonders überrascht und wusste nicht so recht, was er so Geheimnisvolles mit mir bereden wollen könnte. Sollten Teilnehmer unzufrieden gewesen sein? Hatte er ein besonderes Projekt mit mir vor? Ich konnte es nicht einschätzen. Als er kam, war er des Lobes voll. Wir kamen ins Plaudern, sprachen über dieses und jenes, aber ich konnte den Zweck seines Besuches nicht erkennen.

Unter anderem erzählte er mir von einem seiner Kollegen, einem Herrn Meurer, den ich auch kannte, und der, wie er, seit vierzig Jahren bei dieser Firma sei und den er als Personalchef in den letzten Jahren mehrfach zu ernsten Kritikgesprächen zitiert hätte. Daraus habe sich auch eine "Strafversetzung" ergeben, so dass das Verhältnis zwischen ihnen beiden seit einigen Jahren ziemlich gespannt sei.

Herrn Baumann, der ein sehr wohlmeinender und weichherziger Mensch war, gingen diese Spannungen nah. Insbesondere litt er darunter, dass jener Kollege ihm vorgeworfen hatte, er habe ihm Wunden zugefügt, die niemals heilen würden.

Nun war es auch eine Aufgabe von Herrn Baumann gewesen, jenen Kollegen zu einem vorzeitigen Abschied in den Ruhestand zu bewegen. Das brachte es mit sich, dass Herr

Baumann als Personalchef die Abschiedsrede halten musste. Im Gespräch mit mir klagte er über diese gespannte Beziehung und seufzte einigermaßen ratlos über diese Rede. Am liebsten würde er sie gar nicht halten, aber er sähe keinen Weg daran vorbei. Ich riet ihm kurz, die Rede an ein Vorstandsmitglied oder sonst jemanden abzugeben, sich auf jeden Fall nicht zu zwingen, sie gegen die eigene Überzeugung zu halten. Reden, die man nicht halten will, können nicht gut werden.

Wir gingen zu einem anderen Thema über. Unser Gespräch endete schließlich, ohne dass mir klar geworden war, weshalb er eigentlich zu mir gekommen war.

Einige Wochen später schlug bei mir die folgende Nachricht wie ein Blitz ein: Herr Baumann hatte die Rede gehalten. Er hatte die biographischen Daten des Ruhestandskandidaten bis zur Gegenwart geschildert und wollte gerade zur Würdigung ansetzen, als er zu torkeln begann. Er versuchte noch nach dem Mikrofonständer zu greifen, fiel aber der Länge nach hin und war trotz sofortiger Erster Hilfe wenige Minuten später tot. „Lieber will ich tot umfallen, als diesem Menschen, der mich hasst, noch etwas lügenhaft Nettes zu sagen."

Jetzt wusste ich, warum er mich vor einigen Wochen besucht hatte: Ohne sich selbst darüber bewusst zu sein, hatte er die Hilfe eines Beraters gesucht. Ein Viertel unserer Gesprächszeit hing mit diesem Thema zusammen. Obwohl so viel Energie auf diesem Thema lag, hatten wir beide seine Bedeutung nicht erkannt.

Weitere Aspekte wurden mir deutlich: Wenige Wochen vor der Abschiedsfeier für Herrn Meurer hatte Herr Baumann sein vierzigstes Firmenjubiläum gefeiert. Mehr als 200 Leute waren dabei zusammengekommen und hatten ihm gegenüber ihrer echten Wertschätzung und Hochachtung Ausdruck verliehen. Es war ein beglückendes Fest für ihn gewesen, bei dem ihm sehr viel Herzlichkeit und Anerkennung zuteil wurde.

Herr Meurer dagegen, der dabei auch anwesend gewesen war, hatte diese Veranstaltung mit schrägen Blicken beäugt. Er ahnte, dass bei seiner Feier, die nur im kleinen Kreis angesagt war, offenbar werden würde, wie wenig er im Verhältnis zu Herrn Baumann geschätzt wurde.

Seine Kollegen und Mitarbeiter hatten jedenfalls von sich aus keinen Impuls verspürt, Beiträge zu seiner Verabschiedung vorzubereiten. Erst wenige Tage vor der Feier empfanden allerdings einige Mitarbeiter die Peinlichkeit, die entstehen würde, wenn Herr Meurer nur sang- und klanglos entlassen werden würde. So gaben sie sich halbherzig und zum Teil über ihren eigenen Schatten springend einen Ruck, ihm auch eine schöne Feier zu veranstalten. Hundert Gäste kamen schließlich zusammen. Alle taten mehr oder weniger halbherzig so, als würden sie Wertschätzung empfinden und ausdrücken wollen. Und Herr Baumann spielte mit und hielt pflichtgemäß die große Rede.

Zu seiner eigenen inneren Verkehrtheit kam dann nicht nur das Gefühl, sich öffentlich als Heuchler bloßzustellen, hinzu, sondern auch noch die angesammelte Spannung einer falschen guten Laune von hundert Leuten im Saal. Diese subtile unterschwellige Gespanntheit trug vermutlich das ihre dazu bei, Herrn Baumann umzuhauen. Auf ihn fokussierte sich, während er sprach, die geballte Ladung dieser Spannung und er wurde dann gewissermaßen vom Blitz erschlagen.

Laut ärztlichem Autopsiebefund war sein Herz der Länge nach zerrissen.

Herr Meurer musste nun auf diese Weise doch die Wahrheit erfahren: Zu seinem Abschied konnte es keine positive Feier geben. Der Spannungsfunke der Wahrheit schlug durch.

15.
Mörderische Missachtung

Senkrecht über dem alten Bergwerkstunnel, in dem während des Krieges eine deutsche Rüstungsfirma im Auftrag von „Führer, Volk und Vaterland" Panzer und Motoren gebaut hatte, stand noch die Wohnbaracke der Ingenieure und Arbeiter. Seit dem Kriege wurde sie als Lehrlingsausflugsheim einer anderen großen Firma genutzt und der Tunnelschacht war seitdem gesperrt und zugemauert.

Friedrich Schenkel, ein Student aus einer kleinen österreichischen Universitätsstadt, hatte sich während seiner Semesterferien als Werkstudent im Bildungsbereich dieser großen Firma für ein Praktikum beworben und er wurde dazu tatsächlich eingeladen. Was als Kurzaufenthalt zur Unterstützung seiner Doktorarbeit gedacht gewesen war - er wollte Führungskräfte interviewen - mündete in eine feste Anstellung. Friedrich Schenkel bekam den Auftrag, ein Schulungs- und Ausbildungskonzept für die Qualifizierung von Nachwuchs-Führungskräften zu konzipieren und umzusetzen. Was dabei herauskam war ein zweiwöchiger Kurs, an dem jeweils 20 Abteilungsleiterkandidaten teilnahmen.

Das Ziel dabei war, miteinander über die Aufgaben und die dafür notwendigen Voraussetzungen einer Führungskraft nachzudenken, Führungsstile zu reflektieren, sich über die eigene Kommunikationsfähigkeit und Durchsetzungskraft Rechenschaft zu geben sowie Rollenspiele zur Selbsterkenntnis und Entwicklung der eigenen Persönlichkeit zu machen. Friedrich Schenkel schlug vor, diese Seminare in der ländlichen Abgeschiedenheit der Baracke, über dem Tunnel durchzuführen. Mit vier solchen Kursen pro Jahr begann er seine Tätigkeit dort. Er leitete, organisierte und führte Teile dieser Seminare selber durch. In der zweiwöchigen Klausur fanden zwischen den Teilnehmern spannende gruppendynamische Prozesse statt, es gab tiefe menschliche Begegnungen und es gab Konflikte, die Friedrich Schlegel exemplarisch zu lösen versuchte. Als Referenten kamen zusätzlich Psychologen, Techniker, Personalfachleute, Professoren und Vorstände. In der Atmosphäre der Hütte im Wald kamen die Teilnehmer einander so wie den Referenten und ihrem Seminarleiter sehr nahe und die Gespräche waren oft sehr intim und vertraulich.

Der Hütte gegenüber auf einer Wiese stand ein großer, alter Baum, der von einer Holzbank umgeben war. Dort traf man sich oft abends, klagte, plante und besprach sich miteinander. Manches Mal holte Dr. Schenkel seine Gitarre und es wurde bis tief in die Nacht hinein miteinander gesungen. Die Gruppe wuchs zusammen, man lernte sich kennen, man lernte einander zu vertrauen, es entstanden Kontakte und Freundschaften nicht nur fürs Arbeitsleben, sondern wirklich fürs Leben.

Freie Zeit, private Zeit, Erholungszeit gab es in diesen Wochen für Dr. Schenkel nicht. Auch vorher und nachher war er mit konzeptionellen und organisatorischen Aufgaben voll ausgelastet. Seine Ideen waren jung, sein Konzept neu, keine andere große Firma hatte etwas Ähnliches vorzuweisen. Die Teilnehmer trugen ihre Begeisterung herum, steckten andere damit an, und der Andrang zu seinen Kursen wuchs kontinuierlich. Hatte Friedrich Schenkel zunächst in einer Personalbaracke neben dem ehemaligen Lehrlingsausflugsheim Quartier genommen, so mietete er sich jetzt eine kleine Wohnung in der Nähe und siedelte sich fest an. Nach vier Jahren erhielt er die Genehmigung und den Auftrag, anstelle der Baracken ein festes steinernes Haus mit 25 Einzelzimmern, einem großen Tagungsraum und zwei kleineren Gruppenräumen, mit Küche und Essraum zu erbauen. Die gesamte Organisation und Durchführung wurde ihm übertragen.

So stolz er war, dass sein Projekt solche Anerkennung fand, so arbeitsreich waren auch die kommenden Jahre. Zwei Jahre später wurde dieses Haus als Bildungszentrum fertig gestellt und eröffnet, Dr. Schenkel war sein Leiter. Im Keller des Hauses war eine Bar eingerichtet, es gab eine Kegelbahn, eine eigene Bastelwerkstatt. Treffpunkt im Garten blieb die Bank unter dem alten Baum. Es gab eine Feuerstelle zum Grillen, einen Sportplatz und für den Winter genügend Skier. Mehr als 10 Jahre lang leitete Dr. Schenkel alle Abteilungsleiter-Seminare über dem Tunnel und wurde so zum Berater, zum Vertrauten, ja oft sogar zum Beichtvater der heranwachsenden Führungsgeneration eines Konzerns. Während des ganzen Jahres war das Haus mit Bildungsveranstaltungen belegt und viele Absolventen seiner Seminare kamen wieder, suchten seinen Zuspruch und Rat und berichteten ihm von ihren Sorgen und Erfolgen. Manch einen sah er im Lauf der Jahre in hohe und höchste Führungspositionen aufrücken. Er konnte das Wachstum seiner Saat über viele Jahre zufrieden beobachten.

Er hatte eine Idee gehabt und bekam Gelegenheit, sie an diesem idealen Platz zu verwirklichen. Er hatte eine Atmosphäre geschaffen und all dem seinen Stempel aufgedrückt. Die Resonanz war überwältigend und das neue Haus war schnell ausgefüllt. Auch sprach sich immer weiter herum, wie nützlich und wertvoll diese Weiterbildung sei. Darum nahm die Zahl der Anfragen nach entsprechenden Kursen weiter zu und bald war das Haus zu klein, um allen Anfragen Raum bieten zu können. Elf Jahre nach der ersten Grundsteinlegung wurde Dr. Schenkel deshalb vom Vorstand des Konzerns mit der Planung eines Erweiterungsbaus für das Bildungszentrum beauftragt. Das neue Haus sollte zusätzlich 90 Einzelzimmer erhalten und mit zahlreichen Seminar-und Gruppenräumen, mit Sauna, Schwimmbad und Sporthalle ausgestattet werden. Geld war genug da und nur die Auflagen zum Naturschutz konnten eine noch größere Ausdehnung verhindern. Auch der alte Baum mit der Bank sollte als Treffpunkt und Symbol erhalten bleiben.

Dr. Schenkel plante, organisierte, verhandelte und wieder war er es, der den größten Teil der notwendigen Arbeiten zusätzlich zu den weiter von ihm durchgeführten Kursen tat. Da er mit seiner Aufgabe und seinen Aufgaben verwachsen und aufgeblüht war, war es bezeichnend, dass er mit 46 Jahren noch ohne Frau und ledig war. Die Idee, der er sein Leben gewidmet hatte, war: eine neue, menschlichere Führungsgeneration heranzubilden.

Der Erweiterungsbau wurde in voller Größe und einem anderen, modernen Stil durchgeführt. Doch irgendetwas musste unterwegs schief gegangen sein. Der große Neubau hatte eine Eigengesetzlichkeit mit sich gebracht, die nicht mehr von Dr. Schenkel zu überschauen und zu steuern war. Dr. Schenkels erstes Haus wirkte plötzlich wie ein kleines Anhängsel aus einer anderen Epoche. Freundlicherweise erhielt es den Namen „Stammhaus“. Aber da die Zimmer dort keine eigenen Bäder hatten, wurde es für die Mehrzahl der erstmals anreisenden Teilnehmer doch schnell zum „Altbau“. Ohne, dass jemand mit ihm Rücksprache genommen hatte, ernannte der Vorstandsvorsitzende kurz vor der Fertigstellung des Neubaus seinen Assistenten, einen 35-jährigen, karriereorientierten Juristen, zum Leiter des ganzen Zentrums. Diesem musste Dr. Schenkel sogar die Hälfte der bisher von ihm geleiteten Schulungs-Veranstaltungen abgeben. Nach einem Jahr war auch der alte Baum, an den man zu nah herangebaut und dessen Wurzeln die Bagger beschädigt hatten, verdorrt.

Neben der Enttäuschung war das hauptsächliche Gefühl von Dr. Schenkel ein Erschrecken über eine Situation, die er nicht im Entferntesten voraus gesehen hatte. Was für ihn nach einer Erntezeit in seinem Leben ausgesehen hatte, wandelte sich über Nacht plötzlich in eine Niederlage und alles schien anders. Sein Lebenswerk war nicht mehr seins. Fremde Menschen, die nicht mit ihren Herzen damit verbunden waren, übernahmen dessen Verwaltung für jeweils ein paar Jahre als Job.

Der zehn Jahre jüngere neue Leiter des Hauses wagte zwar nicht, Dr. Schenkel irgendwelche Anordnungen zu erteilen, aber so weit möglich, umging und ignorierte er ihn. Mit seinen Aufgaben wurden ihm zugleich die Anerkennung und das Ansehen als Leiter dieser Bildungsinstitution genommen. Zusätzlich wurden zur Rechtfertigung dieser Maßnahme böse Gerüchte ausgestreut: Dr. Schenkel sei ein Sonderling und habe dem Alkohol mehr zugesprochen als es für einen Leiter des Hauses gut sein könne. - Natürlich hatte er beim abendlichen Beisammensein während der Seminare mitgetrunken, aber von allen Teilnehmern seiner Seminare, mit denen ich gesprochen habe, hatte keiner den Eindruck, dass er dabei ein zuträgliches Maß überschritten habe.

Gegen die Entscheidung des Vorstandes gab es keine Berufung. Dr. Schenkel musste sie akzeptieren oder gehen. Da er nach fast 20 Jahren mit dem Haus und den Menschen sehr verbunden war und auch mittlerweile die Fünfzig erreicht hatte, lag ein Bleiben näher als zu gehen.

Zwei Jahre später lernte ich ihn kennen. Er war eingeteilt worden, ein Seminar, das ich als 27-jähriger dort im Haus durchführen sollte, zu begleiten und zu betreuen. Seine Aufgabe bestand konkret gesprochen darin, während fünf Tagen in meinem Seminar dabei zu sitzen, zu schweigen und jeweils etwa fünf Minuten vor den angesetzten Kaffeepausen zu prüfen, ob der Kaffee tatsächlich vor dem Seminarraum angeliefert worden war.

Zusätzlich durfte er zur Seminareröffnung und zum Seminarende den Seminarleiter und die Teilnehmer im Namen des Bildungszentrums begrüßen und verabschieden. In den Kaffeepausen rauchte er dann eine Zigarre und plauderte entweder mit Teilnehmern, die er aus seinen Kursen kannte oder aber auch mit mir.

Ich lernte in ihm einen Mann kennen, der eine ruhige und wohlwollende Ausstrahlung hatte. In jeder Hinsicht bemühte er sich, mich zu unterstützen. Zu Beginn und zum Ende der Seminare lobte er mich vor den Teilnehmern in den höchsten Tönen. Bilder, die ich an die Tafel gemalt hatte, zeichnete er ab und ließ sie für die Teilnehmer sauber tippen und fotokopieren. Er hatte nicht nur das Alter, um mein Vater zu sein, er verhielt sich mir gegenüber tatsächlich so. In fünf Jahren, in denen er meine Seminare begleitete, habe ich nie eine Spur an Neid, Missgunst oder Widerstand von ihm gespürt. Er war einfach wohlwollend.

Es kam mir allerdings sonderbar vor, dass er keine ihm angemessenere Aufgabe hatte. Er spielte eine Nebenrolle ohne einen Anspruch auf eine Hauptrolle zu stellen. Es war eine gewisse Resignation bei ihm zu spüren. Er war dadurch allerdings nicht hart und verbittert geworden, eher etwas leise und traurig. Andere aus seinem Umfeld hatten es leicht, sich auf seine Kosten zu profilieren. Ihnen galt er als Fossil und als Vertreter einer abtretenden Generation. Als ich ihn einmal über den Flur kommen sah und begrüßen wollte, meinte mich einer seiner Kollegen mit den Worten warnen zu müssen: „Wenn Sie sich aufhalten wollen, begrüßen Sie ihn nur."

Immerhin war Dr. Schenkel mittlerweile verheiratet und hatte sich neben der Firma auch einen privaten Bereich geschaffen. Der Leiter des Bildungszentrums wechselte noch einmal und wieder wurde es jemand, der seine Aufgabe nur als Job und ohne Herz erledigte. Es waren noch keine acht Jahre seit Eröffnung des Neubaus vergangen, da erschien das Bildungszentrum schon wieder zu klein und es wurde eine neue Erweiterung geplant und beschlossen. Dafür sollte das „Stammhaus" weichen und Dr. Schenkel wurde in die Vorbereitungen zu diesem Neubau auf folgende Weise einbezogen: Er erhielt den Auftrag, die Unterlagen aus der Bauzeit noch einmal zu sichten. Sie lagerten auf dem Speicher des Stammhauses. Er sollte prüfen, was davon vernichtet werden könne. Vier Monate lang saß er daraufhin auf dem Speicher des Stammhauses und führte den größten Teil der Zeugnisse seines damaligen Wirkens dem Mülleimer zu. Kurz darauf wurde sein Stammhaus weggebaggert.

Ein halbes Jahr später war Dr. Schenkel dann selbst reif für den Abschied. Der Ruhestand wurde dem 56-jährigen zusammen mit einer dicken Zusatzvergütung aufgedrängt. In seiner Abschiedsrede sagte er: „Ich nehme Abschied aus einer Situation und nicht Abschied von Menschen." Vielleicht war das die Unterscheidung, die es ihm ermöglicht hatte, mir und anderen gegenüber ohne Verbitterung mit menschlichem Wohlwollen aufzutreten. Schon seit mehreren Jahren hatte er einen kleinen Lehrauftrag an der Universiät seiner Heimatstadt, dem wollte er sich nun mit um so größerer Aufmerksamkeit widmen. „Seine Studenten" wie er sagte, schätzten ihn hoch und kamen über viele Semester gerne in seine Kompaktveranstaltungen. Vielen hatte er auch den Weg zu einem Praktikum als Werkstudent und zu einer Anstellung in seine Firma geebnet, auch dort wirkte er also fördernd und wohlwollend.

Eigentlich hatte er keine Abschiedsfeier gewünscht, aber man hatte sie ihm schließlich aufgedrängt. Sie fand im kleinen Rahmen statt und die Prominenz der Firma blieb aus. Für den Leiter des Hauses war es offenkundig eine Pflichtübung gewesen. Dr. Schenkel spürte, dass man ihn gerne gehen sah. Sein Werk war ihm genommen worden und zum Teil schon wieder plattgewalzt. In den Monaten darauf musste er noch erleben, dass „seine Bildungsstätte" zum „Konferenzzentrum" umgewandelt wurde und damit ihren ursprünglichen Sinn verlor. Bildungsprogramme wurden aus Kostengründen gestrichen oder dezentralisiert. Seine Idee, der Baum und „sein Haus" über dem Tunnel waren gestorben. Er folgte ihnen bald nach:

Wenige Monate nach Beginn seines Ruhestandes wurde bei ihm ein Gehirntumor diagnostiziert. Seine unausgedrückte Enttäuschung, Wut, Verletztheit hatte sich in seinem Kopf eingekapselt und wucherte nun dort innen. Der Druck, unter dem er durch die äußere Missachtung innerlich gestanden hatte, wurde ihm jetzt spürbar. Er wurde operiert, aber er starb kurz darauf.

Er wollte in seiner Heimatstadt begraben sein. An offiziellen Trauergästen aus Deutschland war ihm nicht mehr gelegen. Er hatte sich für eine Aufgabe hingegeben und konnte weder sich noch sein Werk schützen. Er hatte seine Zeit gehabt und war dann von anderen weggeworfen worden.

16.
Lange über die Zeit

Während einer Bahnfahrt traf ich im Speisewagen einen alten Bekannten, den ich lange nicht gesehen hatte. Vor uns lag eine vierstündige gemeinsame Reise und während dieser Zeit erzählte er mir seine Geschichte:

Als er 26 Jahre alt war, hatte ihm sein Vater die Führung der kleinen Familienfirma überlassen. Er hatte seinem Sohn alle Pflichten aber fast keine Rechte übertragen. Es hieß: "Dafür bist du noch zu jung, erst musst du dich einmal bewähren." Nach neun Jahren sprach der Sohn seinen Vater an, ob er sich nun zureichend bewährt habe und nun auch weitergehende Vollmachten erhalten könne. Der Vater, der gerade mit seiner neuen Lebenspartnerin angefangen hatte ein Haus zu bauen, vertröstete ihn auf seinen 40. Geburtstag und entnahm in der nächsten Zeit dem Geschäft so viel Kapital, dass der Sohn das Geschäft nur unter Zuhilfenahme eines Erbes seiner Frau aufrecht erhalten konnte. Er hatte weder Möglichkeiten, seinem Vater das Geld zu sperren, noch selber für sich Gewinnanteile zu erhalten. Seine Frau und er arbeiteten jeder mehr als 80 Stunden pro Woche in der Firma, ohne dass sie dafür ein angemessenes Einkommen gehabt hätten. Sie wollten die Firma aufrecht erhalten und nach außen nicht den Eindruck erwecken, sie seien aus Unfähigkeit damit Pleite gegangen. Ihre finanziellen Möglichkeiten waren so knapp, dass sie im Produktionsbereich innerhalb von 15 Jahren keine neue Maschine anschaffen konnten. 1994 war noch eine Maschine von 1938 im täglichen Gebrauch. Der Sohn und seine Frau trösteten sich damit, dass der Vater nicht jünger werde und dass eines Tages die Firma im Erbgang an sie fallen würde.

Die Jahre vergingen. Mit 40 erinnerte der Sohn seinen Vater an dessen Versprechen und trug ihm die vollständige Übergabe der Firma erneut an. Der Vater empörte sich: „Das könnte dir so passen, das ist meine Firma! Wenn du es nicht erwarten kannst, dass ich sterbe, dann brauchst du auch nicht zu erwarten, dass ich dir jetzt freundlicherweise mein Lebenswerk übertrage. Es ist meine Sache, darüber Entscheidungen zu treffen. Zu gegebener Zeit werde ich mich mit meinem Anwalt darüber beraten."

Der Sohn wurde 45, der Vater 80 Jahre alt. Der Sohn und seine Frau gingen nicht zur Geburtstagsfeier des Vaters hin. Man sprach nicht mehr miteinander. Es herrschte offene Feindschaft. Als ich den Sohn im Zug traf, war er 48 Jahre alt. In seinem Alter war es mittlerweile schwer, eine Stelle außerhalb des elterlichen Betriebes zu bekommen. Aber er sagte: „Ich halte das nicht mehr aus! Mein Vater entnimmt Geld wann, wo und wie viel er will, ich kann es nicht verhindern und - ich habe es einmal ausgerechnet - meine Frau arbeitet zu einem Stundenlohn von vier Mark mit. Am liebsten würden wir alles hinschmeißen. Aber dann wären all' die Jahre umsonst gewesen. Eines Tages wird uns der Betrieb doch gehören. Aber was mein Vater uns angetan hat, das ist ein Verbrechen. Seit Jahren arbeiten wir wie die Bekloppten nur für ihn, wir haben keine Zeit für unsere Kinder gehabt, die sind seit Jahren auf einem Internat, Urlaub haben wir uns auch nicht leisten können, wir waren immer nur bei den Eltern meiner Frau im Harz und jetzt warte ich nur noch darauf, dass in eineinhalb Jahren eine Lebensversicherung für mich ausgezahlt wird, dann kann ich meinem Vater endlich die Pistole auf die Brust setzen: Entweder er übergibt mir dann alle Vollmachten oder ich schmeiße ihm wirklich alles hin und dann kann er seinen Laden mit 83 Jahren entweder selbst weiterführen oder zumachen."

Hass und Verzweiflung sprachen aus der Stimme des Sohnes. Wir erreichten seinen Zielbahnhof und er stieg aus.

Drei Jahre später hörte ich wieder von ihm. Er hatte kein Gespräch mit seinem Vater geführt. Er war trotz seiner Lebensversicherung nicht ausgestiegen. Alles war beim Alten geblieben. Das, was er längst nicht mehr aushielt, hatte er im Alltagstrott weiter ertragen. -

Aber er hatte es nicht vertragen. Er hatte Speiseröhrenkrebs, Magenkrebs und Metastasen in der Leber. Er wurde operiert, bestrahlt und chemotherapiert. Als ich ihn einmal im Krankenhaus besuchte, fragte er mich: „Na, und was denkst du, wenn du mich hier so liegen siehst?" Ich antwortete: „Du hast mir vor drei Jahren gesagt, du hälst deine Situation nicht mehr aus und spätestens in eineinhalb Jahren, wenn deine Lebensversicherung ausgezahlt wird, führst du eine Entscheidung herbei, die dir zu deinem Recht und zu deiner Lebensfreude verhilft." - „Ja", sagte er, „aber damals habe ich nicht begriffen, wie wahr meine Worte waren. Ich habe es wirklich nicht ausgehalten und jetzt bin ich kaputt. Mein Vater hat einen großen Anteil daran, aber ich auch. Ich habe zu lange gewartet. Und jetzt ist es zu spät."

Sechs Tage später erlag er seinem Leiden.

17.
Falsche Kalkulation

Albert M. war ein kapitalistischer Manager gewesen wie er im Buche steht: Er hatte seine Karriere mit Stoppuhr in der Hand begonnen und die Mitarbeiter einer Fabrik zu stetig steigenden Akkordleistungen gebracht. Er gehörte zu der Generation, die an der Spitze des Fortschritts einen modernen Großcomputer für ihr Unternehmen anschafften, der so groß war, dass er einen ganzen Raum ausfüllte und dessen Röhren so heiß wurden, dass das erforderliche Kühlaggregat einen weiteren Raum beanspruchte. Trotzdem konnte der ganze Apparat eher weniger als heute ein kleiner Taschenrechner. Das war in den Sechzigerjahren.

Im Krieg hatte er sich freiwillig zur Luftwaffe gemeldet, wohl wissend, dass er nur zum Bodenpersonal tauge und kalkulierend, dass er deshalb kaum an die Front kommen werde. Seine Rechnung war aufgegangen und so hatte er unbeschadet den Krieg überstanden.

Anschließend hatte er kalkuliert, dass ein betriebswirtschaftliches Studium ihm in der Aufbauphase nach dem Krieg in Deutschland die meisten und günstigsten Chancen ermöglichen würde und auch hier war seine Rechnung aufgegangen. Mit 35 Jahren war er bereits zum geschäftsführenden Direktor jener Firma aufgestiegen. Das war zu einer Zeit, als ein Direktor noch wirklich so viel zu sagen hatte wie ein Direktor. Nach Meinung seiner Familie war er nicht nur der bestverdienende, sondern auch der cleverste und skrupelloseste Geschäftsmann der Verwandtschaft.

Früh schon am Gipfelpunkt seiner Karriere angelangt, gab es denn doch einen Einbruch: Als seine Firma rapide Umsatzeinbrüche erlitt, wurde er mit angeblich ungerechtfertigten Vorwürfen und begleitet von einer „Rufmordkampagne" entlassen und war plötzlich arbeitslos.

Er fiel allerdings mit einer guten Abfindung recht weich und bastelte bald an einer neuen Existenz und Karriere. Zuerst überprüfte er, ob er als Heilpraktiker seinen Doktortitel ohne Zusätze führen dürfe. Die Auskunft war abschlägig. Und Dr. rer. pol. wollte er nicht auf ein Praxisschild schreiben. Dabei hätte er sich nach ein paar Einsatzwochen am Ende des Krieges in einem Lazarett durchaus in der Lage gefühlt, mit ein paar einfachen Medikamenten und guten Worten „Onkel Doktor" zu spielen.

Nachdem er diesen Plan aufgegeben hatte, machte er die Prüfung zum Steuerberater und kaufte sich als Teilhaber in einer Steuerberaterpraxis ein. Doch Steuerberater zu sein war ihm nicht genug. Ein paar Jahre später gelang es ihm, an einer Hochschule Professor zu werden. Seine Grundmaxime dabei lautete: Ich zensiere grundsätzlich so schlecht, dass kaum jemand Lust hat, mich mit Examensarbeiten zu belästigen. Auch diese Kalkulation ging auf.

Mit seiner Frau, die er früh geheiratet hatte, bekam er keine Kinder. Manche behaupteten, er habe aus reinem Egoismus keine Kinder haben wollen. Seine Frau sagte dagegen, er habe auf Kinder verzichtet, weil bei einer Schwangerschaft für sie wegen einer Herzschwäche eine erhöhte Gefahr bestanden hätte. Andererseits bestand die Rücksicht von Albert M. auf seine Frau neben alljährlichem zweiwöchigem Urlaub im Tessin vor allem darin, dass er mit ihr aß, bei ihr wohnte und mit ihr fernsah. Wenn er in Gegenwart seiner Frau auf politische und wirtschaftliche Fragen zu sprechen kam, tadelte er sie jeweils für ihre „unsinnigen" Beiträge.

Als ihm ein junger Mann aus der Verwandtschaft einmal voller Idealismus bekannte, dass er Entwicklungshelfer werden wolle, nahm Albert M. das so wenig ernst, dass er darüber nur kurz mit den Worten hinwegging: „Darüber wirst du schon hinwegkommen. Du wirst auch noch erkennen, dass im Leben Geld das einzige ist, was wirklich zählt."

Für ihn als klugen und vorausschauenden Menschen schien die Gestaltung seines Ruhestandes kein Problem. Mit 62 Jahren ließ er sich als beamteter Hochschullehrer pensionieren und pünktlich mit 65 verkaufte er seine Steuerberatungspraxis an einen Nachfolger. Zuvor noch hatte er in seinem Privathaus einen geräumigen Anbau errichten lassen, um für die Zeit seines Ruhestandes ein angemessenes persönliches Arbeitszimmer zu haben. Alles schien bestens geplant.

Dennoch war es schwer vorstellbar, wie er es nach einer fast 40-jährigen Ehe, in der seine Frau nur seine Haushälterin gewesen war, mit dieser Frau zu Hause aushalten können sollte. Beide hatten in so unterschiedlichen Welten gelebt, dass eine Kommunikation zwischen ihnen kaum vorstellbar schien. Da seine Frau aber in all den Jahren immer nur auf ihn gewartet hatte, wartete sie nun auch schon seit Jahren auf seinen Ruhestand, um ihren Albert endlich ganz für sich zu haben. Vermutlich hatte er ihr, nicht zuletzt, um ihr ein Liebesersatzobjekt zu verschaffen, schon einige Jahre zuvor einen kleinen Hund geschenkt und jetzt zu seinem Ruhestand eine neues Arbeitszimmer als Refugium angebaut.

Der Tag seines Ruhestandes kam. Ordnungsgemäß übergab er seine Praxis an den Nachfolger und fuhr nach Hause. Acht Wochen später wurde bei ihm Leukämie diagnostiziert. Ein Kampf zwischen Angst und Hoffnung begann. Seine Frau beschwor ihn und kämpfte wie besessen um ihn. „Du darfst nicht sterben!“ Hatte sie dafür 40 Jahre auf ihn gewartet? Auch er begann sich zu fragen, wozu er in all den Jahren Werte von mehreren Millionen zusammengetragen hatte. Er hatte hart gearbeitet, er hatte sparsam gelebt, er war seiner Frau treu geblieben - sollte das alles gewesen sein? Welchen Sinn hatte sein Leben denn gehabt? Karriere, Geld und Einsamkeit? Hatte ihm der Teufel für ein paar Millionen sein Leben abgekauft?

Ein letztes Mal, er war schon sehr schwach, ging er mit seiner Frau am Rhein spazieren. Da sagte er zu ihr: „Jetzt ist mir alles egal, ich will nur noch eins: Ich will nur noch leben.“ Nachdem er so nach 65 Jahren endlich den Sinn des Lebens begriffen hatte, hatte er sein Lernziel erreicht. Wenige Tage später starb er in Frieden. Nur seine Frau hat bis heute weder sich noch ihm verziehen, dass sie ihr Leben lang umsonst gewartet hat.

18.
Selbsttäuschung

Frau Graf war wegen Brustkrebs eine Brust amputiert worden. Sie war 35 Jahre alt und fühlte sich entstellt. Eine Freundin hatte ihr den Tip gegeben, mit mir einmal über die psychischen Hintergründe ihrer Krebserkrankung zu sprechen. Schnell wurde deutlich, dass ihr Karriere sehr viel in ihrem Leben bedeutete und dass der amerikanische Konzern, für den sie arbeitete, das extrem auszubeuten verstand. Eine langjährige Beziehung zu einem Freund war ausdrücklich daran gescheitert, dass sie weder Kraft noch Zeit für diese Beziehung übrig hatte und ihre vielen Dienstreisen nicht gerade beziehungsförderlich waren. Sie litt darunter, dass es so war, wollte aber auch keine Konsequenzen daraus ziehen. Nun war die Beziehung seit einem Jahr beendet, sie hatte Krebs und fühlte sich durch die Operation entstellt.

Das Gespräch brachte ihr einige Klarheit und verstärkte ihr Bewusstsein, dass ihre Lebensweise und bestimmte Einstellungen, insbesondere der Verlust ihrer Beziehung mit zu ihrer Erkankung geführt hatten. Als sie ging, versicherte sie mir, darüber nachdenken zu wollen und nach ihrer Wiederaufbauoperation zu einem weiteren Gespräch zu kommen. Als sie von Wiederaufbauoperation sprach, bat ich sie, noch einen Augenblick zu bleiben. Ich äusserte Verständnis dafür, dass sie als junge Frau, die sich einen neuen Partner wünscht, an eine solche Operation denken könne. Ich warnte sie aber davor, ihre Krankheit als einen technischen Deffekt, der so ohne Weiteres repariert werden könne, zu betrachten. Ihre Krankheit habe einen Sinn und verlange eine Stellungnahme von ihr. Ihre Stellungnahme könne nicht darin bestehen, so zu tun, als sei nichts gewesen.

Sie ging. Das nächste, was ich von ihr hörte, war ein Anruf aus dem Krankenhaus. Es gehe ihr sehr schlecht. Sie habe die Aufbauoperation machen lassen und dabei seien Metastasen zwischen den Rippenbögen entdeckt worden. Sie habe Angst. Der Arzt habe gesagt, ihr Leben hänge an einem seidenen Faden. Er habe aber auch gesagt: „Gut, dass wir die Wiederaufbauoperation gemacht haben, sonst hätten wir die Metastasen nicht finden und wegnehmen können." Nun erwartete sie einen Rat von mir.

Ich griff den Satz des Arztes auf und antwortete: „Der Arzt unterstellt, dass die Metastasen einfach grundlos gewachsen sind. Ich unterstelle, dass sie einen Sinn und eine Aussage haben. Ihr Körper scheint dadurch ausdrücken zu wollen: 'Ehe, dass du so tust, als wäre nichts gewesen und wieder zur Tagesordnung übergehst, bekommst du noch einmal Krebs, so oft und solange bis du es entweder begreifst oder stirbst. Du sollst dein Leben ändern.' Nicht: 'Gut, dass wir operiert haben, sonst hätten wir die Metastasen nicht gefunden.', sondern: 'Weil du mit dieser seit Monaten geplanten Operation deine Krankheit ignorieren wolltest, kommt sie wieder.'"

Fünf Jahre später: Frau Graf hat weitergearbeitet wie bisher, in ihrem Leben hat sie nichts verändert. Sie lebt noch allein, macht viele Überstunden, ist beruflich ständig unterwegs und hat ihre überstandene Krankheit so weit verdrängt, dass sie außer bei gelegentlichen Nachuntersuchungen nicht daran denkt.

Und dann der Schock: Bei einer Nachuntersuchung stellt sich

heraus, dass sie einen neuen Tumor hat. Diesmal am Sitzknochen. Diesmal ist es die Pobacke, die unter das Messer muss. Wieder geht es um ihre sexuelle Attraktivität und ihr Unterbewusstsein scheint zu sagen: „Wenn du es bei deiner Brust nicht begreifst, dann vielleicht bei deiner Pobacke. Wenn du auf deinem alten Lebens- und Arbeitsplatz sitzen bleibst, dann musst du da eben so losgeschnitten werden, dass du dich nicht mehr dahin setzen kannst und dich endlich bewegst. Spürst du nicht, dass dir die Art wie du lebst, wie du mit dir umgehst und mit dir umgehen lässt, unter die Haut geht und Dir bis auf die Knochen weh tut?“

19.
Gemäß dem Ehrenkodex

Ein Unternehmer, der bis 1933 überwiegend von Aufträgen der deutschen Wehrmacht gelebt hatte, wurde von den neuen Machthabern aufgefordert, auch Mitglied der NSDAP zu werden. Anderenfalls könne er nicht mehr mit weiteren Aufträgen von der Wehrmacht rechnen. Für ihn als angesehenen Mann in einer mitteldeutschen Kleinstadt hätte das den Ruin bedeutet.

Noch ehe er sich näher entschieden hatte, wie er als Gegner der Nationalsozialisten sich in dieser Situation verhalten sollte, stellte sich heraus, dass ein Wechsel über eine bedeutende Summe, den er als Zahlung für eine größere Lieferung angenommen hatte, nicht gedeckt war.

In der Bedrängung dieser Situation wusste er keinen anderen ehrenvollen Ausweg als das zu tun, was nach dem damaligem Ehrenkodex bestimmter Kreise naheliegend war: Er wählte den Freitod. Er nahm sich das Leben, indem er sich auf der Chaiselongue im Zimmer seines Sohnes erschoss.

Nun wird als familientherapeutische Erfahrung immer wieder berichtet, dass ein solcher gewaltsamer Tod in einer Familie meistens weitere schlimme Ereignisse nach sich zieht. In einem Familiensystem entsteht an einem plötzlich und vorzeitig frei werdenden Platz ein Vakuum, von dem dann ein rückwärts gerichteter Sog ausgeht, der andere aus ihrer eigenen Lebensbahn heraus und häufig sogar in den Tod zieht.

Genauso geschah es in dieser Familie. Zwei Jahre später ereignete sich in der Familie ein entsprechendes weiteres tragisches Unglück :

Die schwangere Tochter des Unternehmers verunglückte mit ihrem Auto so schwer, dass ihre mitfahrenden beiden Kinder so wie ihre Mutter zu Tode kamen.

Die Mutter, so könnte man sagen, kehrte heim zu ihrem Mann. Die Tochter, die nach vielen anderen Erfahrungsberichten auch von diesem Sog bedroht war, überlebte zwar, aber sie sandte ihre beiden älteren Kinder dem Vater gewissermaßen als einen Teil von sich hinterher. Kurz darauf bekam sie ein weiteres Kind. Sie selbst blieb aber auch nicht spurlos verschont. In höherem Alter starb sie an einem langjährigen Krebsleiden.

III

Zweite Mittelstimme
(Horn)

Lebensmuster aus persönlichen Prägungen und Traumata der eigenen Lebenszeit

Wir leben in der Gegenwart. Manchmal fühlen wir uns als Handelnde, manchmal ausgeliefert und als Opfer. Wenn wir uns anderen Menschen gegenüber zu verhalten suchen, greifen wir leicht wieder auf Grundmuster und Vorbilder aus unseren ersten Lebensjahren zurück. Im positiven Fall finden wir in unseren Eltern und Erziehern Vorbilder, die uns lebenstauglich machen, wenn wir sie zunächst unbewusst und später zunehmend bewusster nachahmen. Im negativen Fall haben unsere Vorbilder allerdings schon selber Probleme und wenn wir ihnen nacheifern, besteht die Gefahr, die gleichen Probleme zu bekommen.

Nun zeigt es sich als ein Wirkprinzip des Unterbewusstseins, vertraute Muster der Kindheit unabhängig davon, ob die damalige Situation positiv oder negativ war, zu reproduzieren. Im positiven Fall wäre grundsätzlich nicht viel dagegen einzuwenden. Im negativen Fall wird es allerdings schwierig. Neben problematischen Elternteilen kann es auch unglückliche und unheilvolle Ursituationen einer Familie geben, wenn beispielsweise früh Vater, Mutter oder ein Geschwister ausgefallen ist, wenn sich in der Familie Katastrophen durch Drogenmissbrauch oder Gewaltanwendung ereigneten oder auch, wenn durch Verleugnung oder Verdrängung wesentlicher Gefühlsanteile ein überspanntes Klima herrschte, dann können die unterbewusst reproduzierten Neuauflagen von alten Situationen zu sehr viel Elend führen. In Deutschland mit den Schrecken aus zwei Weltkriegen, mit den Erfahrungen von Heimatvertreibung, mit den Unterdrückungen und Gewaltmaßnahmen von zwei totalitären Regimen, wird man selten wirklich heile Ursituationen finden. Entsprechend viel altes Unglück wird reproduziert. Die daraus sich ergebenden Schmerzen dauern bei den meisten Menschen, denen ich begegne, auf die eine oder andere Weise bis in die jüngste Generation an.

In Kapitel V, wo es speziell um die Folgen kollektiver Traumata, wie sie aus den Kriegen resultieren geht, wird in Bericht 9. beispielsweise in diesem Sinn aufgedeckt, wie in einer Familie, deren Vater kurz nach dem Ersten Weltkrieg an Kriegsfolgen starb, bis heute mehrfach die Konstellation einer vaterlosen Familie reproduziert wurde.

Einerseits kann man hoffen, dass sich das alte Unglück durch über mehrere Generationen neu hinzu kommende Elternteile langsam glücklich verdünnt. Vielfach zeigt sich aber, dass die neu einheiratenden Partner im Sinne von „gleich und gleich gesellt sich gern“ so ausgewählt werden, dass sie das alte Muster unterstützen oder sogar verstärken. Unter den Überschriften „Würgende Trauer“ und „Partnerwahl“ wurde in Kapitel II von derartigen Beziehungen berichtet.

Wenn man nicht auf die Verdünnung in mehreren Generationen hoffen und warten will, muss man über andere Ausstiegsformen aus solchem Elend nachdenken. Viel ist schon damit getan, wenn man die alten Muster ans Tageslicht des Bewusstseins zerrt. Oft zerfallen sie dann wie Mumien bei der Öffnung einer alten Grabkammer.

Doch bevor wir in die dumpf tönenden Grabkammern der Vorzeit hinabsteigen, handeln die folgenden Berichte von schicksalsprägenden Ereignissen, die sich während der frühen Lebenszeit der Betroffenen zugetragen haben.

1.
Ehrgeiz

Die Mutter ließ sich scheiden. Beide Kinder blieben bei ihr. Sie behielt die Wohnung. Der Vater zog auf Nimmerwiedersehen aus. Die Tochter klammerte sich an die Mutter, der Sohn Klaus trauerte vor allem dem Vater nach. Ihm fehlte der Vater: 'Wie kann der Vater mich nur so alleine lassen? Wo bleibt mir seine Anerkennung, die mir von ihm erwiesene Ehre? Warum geizt der Vater von nun ab mit Ehre?' Das Kind konnte es nicht verstehen.

Die Mutter heiratete neu und bekam mit ihrem neuen Lebensgefährten noch zwei Kinder. Der Stiefvater erwies sich als ziemlich unsensibel: Bei einem Kirmesbesuch stellte er alle vier Kinder nebeneinander und sagte: „Dich hab ich am liebsten, dich am zweitliebsten, dich am drittliebsten und dich hab ich am viertliebsten." Am viertliebsten war ihm Klaus. Seinen drei liebsten Kindern kaufte er auf dem Rummelplatz ein Spielzeug, dem viertliebsten nicht. Es ergab sich einfach so. Einfach so? Er erwies Klaus weder Aufmerksamkeit noch Ehre. Damit war er ziemlich geizig. An den nächsten Abenden weinte Klaus im Bett vor sich hin. Er ließ sich nichts anmerken. Seine Mutter blieb ebenfalls unaufmerksam.

Wie soll ein Kind, dem gegenüber von zwei Vätern und einer Mutter mit Ehre gegeizt wird, lernen, sich selbst ehren und anerkennen zu können? Wie soll es lernen sich selbst für wertvoll und anerkennenswert zu halten? Klaus konnte das für sich jedenfalls nicht lernen. Voller Selbstzweifel über seinen Wert begann er, sich selbst immer wieder zu beweisen, wie gut er doch eigentlich sei. Er versuchte in allem der Beste zu werden. Zum Beispiel in der Schule und beim Motorrad fahren. Letzteres brachte ihn mehrfach mit schweren Verletzungen ins Krankenhaus, seine guten Leistungen in der Schule und beim Studium brachten ihn anderswo gut ins Rennen. Er machte eine steile Karriere und gewann manches Wettrennen um einen guten Kunden oder eine gute Position. Auch dabei blieb er nicht ohne Schaden. Körperlich machte ihm eine schwere Nervenentzündung zu schaffen und seelisch litt er am Zerbrechen mehrerer Beziehungen.

Weder Motorradunfälle, noch die Nervenentzündung, noch die Frauen, die sich von ihm abwandten, konnten ihm das Gefühl vermitteln, dass er gut, toll, begehrenswert oder wertvoll wäre und dass ihm Ehre gebühre. Die Spirale zog ihre Kreise immer enger. Er geizte sich selbst gegenüber noch mehr mit Ehre und kam immer stärker in den Zwang eines selbstzerstörerischen Leistungsdrucks, sich mit größeren Erfolgen zu beweisen, um endlich die Anerkennung zu gewinnen, nach der er sich schon immer - vergeblich - gesehnt hatte. Und wenn er dabei nicht gestorben ist, dann lebt er vermutlich noch heute in dieser Not.

Was könnte eine Lösung sein? Er könnte der Spirale entkommen, wenn er anerkennen könnte, dass seine Eltern ihm nicht gegeben haben, was er brauchte, und dass sein ungestilltes Urbedürfniss heute von niemandem mehr befriedigt werden kann. Er müsste akzeptieren, dass er dauerhaft mit der ungestillten Sehnsucht nach Anerkennung leben muss, und dass es zwecklos ist, sich weiter für Anerkennung kaputt zu arbeiten. Darüber hinaus sollte er sich die Frage stellen, ob er seinen Eltern nicht vielleicht auch positive Seiten und Wirkungen zu verdanken hat. Vermutlich würde es ihm auch helfen, wenn er außer seiner Mutter seinen leiblichen Vater wieder für sich neu entdecken und ihn, wenn er noch lebt, aufsuchen würde.

2.
Kloß im Hals

In einer Familie, deren Vater Alkoholiker war, trug sich Ende der Dreißiger Jahre Folgendes zu: Da wieder einmal nicht genug Alkohol zu Hause war, wollte er seine Frau losschicken, Nachschub zu holen. Die weigerte sich, weil sie gerade dabei war, die vier Kinder zum Abend zu versorgen und ins Bett zu bringen. Der Mann, der schon einigermaßen geladen hatte, wurde ausfällig, beschimpfte seine Frau, fegte zwei Teller vom Tisch und warf seinen Stuhl nach einem Kind.

Die Mutter packte die drei Kinder, die noch nicht im Bett waren, und flüchtete mit ihnen aus der Wohnung zu Nachbarn. Die wohnten zwei Etagen tiefer und waren an solche Vorkommnisse schon gewöhnt. Oben hörten sie den Mann noch in der Wohnung toben und schreien. Er kam ins Treppenhaus und brüllte nach seiner Frau. Sie solle sofort zurückkommen. Er werden sonst alle Sachen aus dem Fenster werfen. Aber sie ließ sich nicht einschüchtern. Sollte er doch! Ihr war mittlerweile sowieso alles egal, wenn nur die Kinder nicht wieder geschlagen würden und sie selbst auch nicht.

Aber dann hatte er gemerkt, dass ja noch das kleinste Kind in der Wohnung war und schon schlief. Das kam ihm gerade als Geisel recht, um seine Frau zur Rückkehr in die Wohnung zu zwingen. Er packte das Kind, nahm ein Brotmesser in die Hand und torkelte die Treppe so weit herunter, dass seine Frau ihn hören und sehen konnte: „Wenn Du nicht sofort mit den Kindern hoch kommst, schneide ich dem Kind hier die Kehle durch!“ Und er hielt seiner kleinen dreijährigen Tochter das Messer an die Kehle.

Seine Frau scheint es ihm zugetraut zu haben, sie ging tatsächlich wieder mit den anderen Kindern zu ihm hoch. Als sie ihm einmal mit Trennung gedroht hatte, hatte er ihr ebenfalls mit dem Messer gedroht: „Egal, wo Du dann auf der Welt bist, ich finde Dich! Und dann hast Du ein Messer im Bauch!“

Die kleine Tochter ist heute ungefähr 60 Jahre alt. Seit vielen Jahren konsultiert sie Ärzte, weil sie einen „Kloß im Hals“ hat. Kein Arzt hat ihr bisher helfen können. Der Angstschrei von damals steckt ihr noch heute in der Kehle, sie hat ihre Angst, ihre Panik, ihre Wut, ihre Verletztheit, ihren Haß auf den Vater weder damals noch zwischenzeitlich jemals ausspucken können. Wie hätte sie es als Kind auch lernen sollen. Vor dem Vater konnte sie sich nur verstecken. Für jedes Widerwort hätte er sie geschlagen. Sechzehn Jahre lang musste sie den Vater ertragen, dann nahm eine Tante sie auf.

In ihrem ganzen späteren Leben lernte sie es nicht mehr, sich zu behaupten und durchzusetzen. Bei Konflikten tauchte sie ab und schwieg. Sie konnte dadurch von anderen fremdbestimmt werden und litt darunter. Ständiger Bluthochdruck, Schweißausbrüche und der permanente Kloß im Hals waren die körperliche Entsprechung.

3.
Die Prinzessin

Es war einmal eine Frau, die wollte so gerne Prinzessin sein. Prinzessin Friederike. Immer wollte sie im Mittelpunkt stehen, immer wollte sie besonders schön sein, immer wollte sie etwas Außergewöhnliches sein oder haben, aber nie war sie wirklich zufrieden. Einen Mann mit Adelstitel hatte sie leider nicht für sich finden können, dafür trug sie den Kopf aber ziemlich hoch und konnte auf andere recht herablassend reagieren. Sie galt als schwierig und kompliziert. Wie war sie so geworden?

Ihre Eltern waren finanziell ziemlich knapp gewesen und mussten auch aufs Kleingeld achten. In zwei aufeinanderfolgenden Jahren hatten sie zwei Töchter bekommen. Friederike war die jüngere. Da lag es aus Ersparnisgründen nahe, die Erstkommunionfeier der beiden Mädchen zusammen in ein Jahr zu legen und nur einmal die ganze Verwandtschaft zu einem Fest einzuladen. Der Verwandtschaft war das nur recht. Die Onkel und Tanten brauchten so nicht zweimal zwanzig Mark für ein Geschenk auszugeben. Jeder konnte verstehen, dass sie statt zwei Geschenke für insgesamt vierzig Mark zwei Geschenke für je zwölf Mark fünfundneunzig mitbrachten. Jeder hatte dafür Verständnis, außer den beiden Kommunionkindern.

Insbesondere Friederike empfand es als tiefe Kränkung, dass das ganze Erstkommunionfest eigentlich nur als Feier für ihre größere Schwester ausgerichtet worden war, und sie selbst nur in einem Aufwasch mitgefeiert wurde. Das erzählten ihre Eltern den Onkels und Tanten sogar ungeniert und prahlten mit ihrer Sparsamkeit. Friederike war Nebensache. Sie hatte kein eigenes Fest. Abends im Bett weinte sie lange. Nie hatte sie ihr eigenes Fest, nie stand sie einmal im Mittelpunkt. Die Kinder wurden immer zusammen versorgt, sie als die Jüngere immer im Schatten ihrer Schwester. Wie sehnte sie sich in ihrer ganzen Kindheit danach, einmal aus dem Schatten ihrer Schwester heraustreten zu können, einmal selbst bewundert oder gefeiert zu werden. Es kam nicht dazu.

So trug sie diese Sehnsucht in ihr späteres Leben hinein. Sie träumte ihren Traum, spielte Prinzessin und forderte Aufmerksamkeit. Sie fiel auf, galt als schwierig und wurde dafür vielfach abgelehnt. So blieb sie weiterhin unglücklich.

Dann wünschte sie sich auf meine Anregung hin zum Geburtstag von ihren wenigen Freunden und Freundinnen, dass sie einmal einen Tag lang Prinzessin sein dürfte. Sie spendierte sich selbst ein schönes langes Kleid, sie mietete sich einen Prunksaal in einem Schloss, sie setzte sich auf einen Thron und ließ sich hofieren und bedienen. Sie fand sich verrückt, sie fand sich toll. Sie ließ sich exzessiv feiern. Es machte ihr riesigen Spaß. Zum Schluss ließ sie sich mit ihrem Hofstaat fotografieren.

Seitdem ist es besser. Sie ist nicht mehr so schwierig und wenn sie sich wieder wie Aschenputtel fühlt, hilft ihr das Foto und die Erinnerung.

4.
Ein Sammler von Möglichkeiten

Seine Mutter hatte immer versucht ihn festzunageln - wenn sie da war, übte sie absolute Kontrolle über ihn aus. Wenn er mit seiner kindlichen Sehnsucht trotzdem darauf wartete, dass sie wieder einmal von einer ihrer vielen Vergnügungsreisen zurückkehrte, erlebte er dennoch jedesmal eine Enttäuschung. Sie war reich, egoistisch und lieblos. Sie wollte nur, dass er problemlos und für sie störungsfrei funktionierte. Dafür war auch die gut bezahlte, staatlich geprüfte Kinderschwester zuständig, die für ihn, (oder in Wahrheit: für seine Mutter), engagiert war.

Mit vierzig Jahren hatte er noch immer keinen Beruf. Es war noch nichts Rechtes aus ihm geworden. Er hatte vieles angefangen und wieder verworfen. „Unstet“, hatten ihn seine Freunde genannt, „umtriebig“ oder „hyperaktiv“. Er hatte nichts Negatives dabei empfunden. Er war durch sein Leben gestreift, hatte vieles erlebt und gesehen und dabei recht locker gelebt. Es war nicht schlecht gewesen.

Als er aber seinen vierzigsten Geburtstag unaufhaltsam auf sich zukommen sah, hatte er innegehalten und versucht eine Zwischenbilanz seines Lebens zu ziehen. Er fand es selbst ernüchternd. Eigentlich hielt er nichts in seinen Händen. Eigentlich hatte er nichts vorzuweisen, auf das er hätte stolz sein können. Nicht einmal eine feste Beziehung hatte er mit vierzig Jahren. Alle seine bisherigen Beziehungen waren relativ flüchtig gewesen, genauso wie seine Projekte und Jobs. Was war er eigentlich für ein Mensch? Das konnte doch nicht nur an den äußeren Umständen liegen, das musste doch etwas mit ihm zu tun haben. Aber was nur?

Als es ihm klar wurde, erschrak er. Das, was all seinen Bemühungen immer wieder gemeinsam zu sein schien, war: er sammelte Möglichkeiten.

Er begann Projekte, und wenn er spürte, daraus ließe sich etwas machen, verlor er die Lust daran. Er bewarb sich um Jobs, und wenn er sie haben konnte, wollte er sie nicht mehr. Er warb um Frauen, und wenn sie ihn dann wirklich wollten, interessierten sie ihn nicht mehr. Er hatte immer nur wissen wollen, ob etwas für ihn erreichbar war oder nicht. Er hatte sich nie auf irgend etwas fest legen oder für irgend etwas entscheiden wollen. So brach er alles immer wieder ab. Obwohl ihm das Bewusstsein, etwas haben zu können, jeweils als Erfolg erschienen war, hatten sich diese Erfolge in der Summe als Misserfolg erwiesen. Während andere sich in jahrelangem Bemühen etwas erworben und aufgebaut hatten, auf das sie in seinem Alter stolz sein konnten, so war er über keinen Anfang hinausgekommen.

Aufgrund dieser Reflexionen verstand er, dass er aus seinem trotzigen Aufbegehren gegen die Bevormundungsversuche seiner Mutter, die ihn auf ihre Wünsche festzulegen versucht hatte, eine Abscheu gegen jedwede Festlegung entwickelt hatte. Das hatte ihn bisher an klaren und verbindlichen Entscheidungen gehindert. Er erkannte, dass er lernen musste, zwischen fremdbestimmten und selbstbestimmten Festlegungen zu unterscheiden. Wahlmöglichkeiten hatte er genug gehabt, jetzt mit 40 würde es für seinen Lebenserfolg entscheidend sein, sich für etwas Bestimmtes zu entscheiden.

Als erstes entschied er sich, seine Freundin zu heiraten.

5.
Erdrückt

Kein vernünftiger Mensch würde natürlich an der Aussage eines Arztes zweifeln, der erklärt, es sei erblich veranlasst, wenn bei einer Mutter und dreien von ihren vier Kindern im Lauf der Jahre eine Wucherung in der Schilddrüse entsteht, die zu einer gewaltigen Verdickung des Halses führt. So war es jedenfalls in der Familie Schneider aus Freiburg gewesen. Im Abstand von mehreren Jahren ließen sich alle vier Betroffenen operieren und dachten nicht weiter darüber nach.

Als ein Sohn zu mir kam, beschrieb er sich selbst als extrem ängstlich und unsicher. Er sagte von sich, er könne nie mit sich zufrieden sein und diesen Eindruck machte er auch. Ich begann mit meiner Analyse und fragte: Ob es irgendwelche Besonderheiten im Schicksal der Familie gäbe? - Nein, die gäbe es nicht, alles sei normal. - Was ihn so geprägt haben könne, dass er so geworden sei, wie er sich beschrieben habe? - Dazu fiele ihm nichts ein. - Welche Krankheiten er gehabt habe. - Da rückte er mit der Schilddrüsenoperation heraus, aber die sei ansonsten bedeutungslos, da erblich in der Familie veranlagt. Das habe mit ihm nichts weiter zu tun. Ich fragte weiter: Welche Schmerzen, Ängste, unverarbeiteten Katastrophen in der Familie vorgekommen seien? - Keine, an die er sich erinnern könne. Ich bohrte weiter: Was hatte seine Mutter oder seinen Vater besonders geprägt. Da fiel ihm ein, dass das erste Kind seiner Eltern, das vor den vier anderen geboren worden war, im Alter von einem halben Jahr gestorben war. Und seine Mutter hätte immer wieder davon gesprochen, wie schrecklich das für sie gewesen sei. Es sei an einer Lungenentzündung im Krankenhaus gestorben und sie sei nicht dabei gewesen.

Während er zuvor ein eher behäbiger Gesprächspartner gewesen war, fing er nun plötzlich in seiner Erzählung an flüssig zu reden. Ein Zeichen, dass ich bei ihm eine energiereiche Spur gefunden hatte.

Durch den Tod des ersten Kindes voll überstarker Schuldgefühle und in hohem Grad verängstigt, habe seine Mutter sich immer besonders viele Sorgen um ihre Kinder gemacht und ständig versucht, an denen wieder doppelt gut zu machen, was sie beim ersten versäumt zu haben glaubte. Er habe sich der erdrückenden Liebe seiner Mutter nie ganz entziehen können und auch jetzt noch mit 37 Jahren fahre er an jedem Wochenende 130 Kilometer weit zu seinen Eltern. Er hätte zu ihnen und zu seinen Geschwistern, von denen zwei noch zu Hause wohnten, ein sehr gutes Verhältnis.

Zu gut, fand ich. Unentrinnbar gut. Die Mutter gab mit ihrer übergroßen Liebe niemals Anlass zum Streit. Sie gab sich als die personifizierte Harmonie und Güte. Sie hatte zwar einen dicken Hals gekriegt und drei ihrer vier lebenden Kinder saßen auch mit dickem Hals allsonntäglich bei ihr am Mittagstisch, aber vor lauter Harmonieduselei merkte keiner so recht, dass diese übergroße Mutterliebe sie alle erdrückte. Um erwachsen zu werden, hätten alle auseinandergehen und eigene Wege gehen müssen. Die Familie aber gluckte immer noch zusammen. Der Sohn, der mir zur Beratung gegenüber saß, hatte mit seinen 37 Jahren ein rundes Milchgesicht und schleppte auch sonst noch einiges an Babyspeck mit sich herum.

Und warum hatte die Mutter selbst einen dicken Hals? Vor

lauter Schuldgefühlen und Minderwertigkeitsgefühlen war bei ihr kein Platz für die Wahrnehmung ihrer eigenen Bedürfnisse. Die stauten sich in ihr. Vermutlich hatte sie innerlich eigentlich auch die ganze Bande, ihren Mann eingeschlossen, längst satt. Ihr Mann hatte ihr zwar nie mit Worten, aber doch mit seinem Verhalten immer wieder zu verstehen gegeben hatte, dass er sie für den Tod des ersten Kindes verantwortlich machte. Ihre Wut und Verletztheit über diesen permanent in der Luft liegenden Vorwurf hatte sie auch nie ausdrücken können. Ihr Mann hätte ja auch ein Tröster sein können. So saß sie mit ihrer Selbstverachtung und ihrem Zorn auf sich selbst, mit der ihre eigenen Bedürfnisse fesselnden übertriebenen Mutterfürsorge für vier erwachsene Kinder und mit dem Zorn auf ihren Mann, der ihr kein Partner war, da und hatte einen dicken Hals bekommen.

Da sie selbst immer geglaubt hatte, nicht gut genug gewesen zu sein, konnten ihre überlebenden Kinder von ihr auch nicht lernen, sich selbst als gut genug zu empfinden. So kamen sie aus eigener Unsicherheit immer wieder zu ihrer scheinbar so vorbildlich sorgenden, Harmonie und Liebe verbreitenden Mutter, aber deren von einem furchtbaren Schuld- und Minderwertigkeitsgefühl verseuchte Liebe band nur und heilte nicht. Da man sich aber gegen mütterliche Liebe, selbst wenn sie verseucht ist, kaum wehren kann und darf, saßen schließlich alle mit dickem Hals umeinander herum.

Nach dieser Analyse zweifelte mein Gesprächspartner schließlich doch an der Vererbungstheorie. Die vom Tod des ersten Kindes ausgehenden psychischen Wirkungen auf die ganze Familie erschienen ihm auch für die körperlichen Symptome als zureichend eindeutige Erklärung.

6.
Hass auf den Vater

Als Herbert Möller 1958 gezeugt wurde, war das angeblich ein Unfall gewesen. Sein Vater und seine Mutter hatten weder einander noch ihn gewollt. Aber nun war er einmal unterwegs und nach Sitte und Anstand heirateten sie. Entgegen Sitte und Anstand allerdings warf sich der Vater an den Alkohol weg und stieß seine Frau fort, wenn er betrunken war. Zwei weitere „Unglücke" passierten trotzdem, und so war die fünfköpfige Familie komplett. Komplett unglücklich.

Der Vater schlug seine Frau und seine Kinder. Die Frau versuchte, ihre Kinder zu schützen, aber wegen der Leute, wegen denen sie geheiratet hatten, und weil sie sich von ihrem Mann finanziell abhängig fühlte, konnte sie sich eine Trennung und Scheidung nicht vorstellen. So ging der Jammer einige Jahre lang.

Als Herbert zehn Jahre alt war, kam wieder eines Abends der Vater volltrunken nach Hause und schlug der Mutter so brutal ins Gesicht, dass ihr mehrere Schneidezähne ausbrachen. Sie blutete heftig, aber er hörte nicht auf, sondern schlug weiter rücksichts- und besinnungslos auf sie ein. Schließlich lag sie abwechselnd schreiend und wimmernd auf ihrem Bett und der Mann lag schnarchend neben ihr auf seiner Matratze. Herbert, der das alles erst aus dem Nebenzimmer und dann durch den Türspalt mitbekommen hatte, schlich sich zu diesem Zeitpunkt mit einem Küchenmesser in der Hand in das Zimmer und erhob schon die Hand, um auf seinen Vater einzustechen.

Er traute sich nicht. Trotz seiner Wut, trotz seiner Verzweiflung, trotz seines Hasses und trotz seiner verfluchten Angst vor diesem stinkenden, wütenden Tier brachte er es nicht über sich, zu töten. Er fühlte seine Macht und fühlte sich zugleich ohnmächtig. Er konnte es nicht tun.

Drei Jahre ging es weiter so. Dann fuhr seine Mutter mit dem Auto gegen einen Baum und war auf der Stelle tot. So kam sie aus allem heraus. Eins ihrer beiden jüngeren Kinder, das dabei war, wäre auch fast gestorben, überlebte aber wie durch ein Wunder und trägt seitdem eine scheußliche Narbe im Gesicht. Die Narben der Seele sind äußerlich (nicht) sichtbar.

Die Kinder lebten weiter mit dem Vater, der sein gewälttätiges Wesen unverändert beibehielt und seine Kinder damit dauernd in Angst und Schrecken hielt. Wenn er spät abends oder nachts nach Hause kam, mussten sie mit Allem rechnen. Oft kam er dann betrunken in ihr Zimmer und ließ seinen unberechenbaren Zorn an ihnen aus.

Als es wieder an einem Abend so weit war, dass die drei Kinder ihren Vater volltrunken und randalierend nach Hause kommen hörten, nahmen sie sich vor, ihn im Badezimmer einzusperren und die Polizei zu rufen. Es gelang ihnen und die Polizei nahm ihn dann gleich mit. Am nächsten Tag gingen die drei Kinder zusammen zum Jugendamt und baten um Schutz vor ihrem Vater und um Vermittlung an Adoptivfamilien. Herbert wurde von Nachbarn aufgenommen, die beiden anderen kamen in zwei verschiedene Heime. Ihren Vater haben sie seitdem nicht mehr gesehen.

Herbert berichtete mir als Achtunddreißigjähriger, es täte ihm noch heute Leid, dass er damals nicht zugestochen habe. Seine Wut auf diesen Mann sei so groß, dass er ihn heute bei einer zufälligen Begegnung auf der Straße sofort tot schlagen möchte.

Bei der Beschreibung seines Charakters sprach Herbert Möller davon, dass es seine Stärke im Beruf sei, Prügel vom Vorstand, von den Kunden und von seinen Mitarbeitern so einzustecken, dass er sie nicht an andere weiterleiten müsse. Darin liege sein Erfolg, dass er ein Puffer zwischen den verschiedenen Bereichen sei. Darüber ist er auffällig dick geworden. Auch im körperlichen Sinn ist er ein guter Puffer.

Abcr auch, wenn es etwas durchzusetzen gelte, sei er in der Lage, eine Mannschaft auf ein Ziel hin zu führen. Er könne ihr dann hemmungslos wie einer Galeerenbesatzung einpeitschen. Auch das zeichne ihn vor anderen im Unternehmen aus.

In diesen Hinsichten ist er trotz aller Ablehnung seines Vaters dennoch in gewisser Hinsicht dessen Kopie und treuer Sohn: Er kann Schläge einstecken und sie skrupellos austeilen.

Andererseits berichtete er aber auch, dass er in seinem ganzen Leben, an jedem Tag und in jeder Stunde die Angst von damals wie einen Schatten neben sich gehen habe. Er könne ihr nicht entkommen, sie begleite ihn immer. Es sei eine Existenz- und Versagensangst. Die führe ihn zwar zu einer in seiner Firma hoch geschätzten Bereitschaft, schier grenzenlos Überstunden zu leisten, aber sie koste ihn auch unendlich viel Energie.

So hat er zwar Angst und weder Freunde, noch Freizeit, noch

inneren Frieden, aber er macht eine gute Karriere. Genau genommen verdankt er die seinem Vater. Nur vielleicht geht er auf Dauer daran kaputt.

7.
Vielfach verstoßen

Zunächst ging es Theo wie vielen Erstgeborenen: Als nach zwei Jahren ein kleiner Bruder geboren wurde, galt dem die besondere Aufmerksamkeit der Eltern und er war aus dem Mittelpunkt der Familie verstoßen. Das ist für kein Kind angenehm, aber wenn die Eltern einen Ausgleich herbeiführen und das ältere Kind zum Beispiel an der Versorgung des Kleineren beteiligen, kann man das verkraften.

Theos Eltern aber gaben ihn für fast zwei Jahre an eine der beiden Großmütter ab. Die wohnte 40 Kilometer entfernt, sodass die Trennung für ihn fast vollständig war. Bei ihm löste das das Gefühl aus, von seinen Eltern verstoßen worden zu sein und er verschloss sich und wurde ein stilles Kind. Als er wieder von seinen Eltern nach Hause geholt wurde, blieb er dort eine Randfigur und nur der Kleine stand als Sonnenschein der Familie ständig im Mittelpunkt. Theo wurde keiner weiteren Aufmerksamkeit gewürdigt und blieb außen vor. Schlimmer noch, alle Unordnung und alles Chaos, das der Kleine im Haushalt stiftete, musste er als der „vernünftige“ Große wie ein Kindermädchen beseitigen und in Ordnung bringen. Er wurde für dessen Verhalten verantwortlich gemacht. Schließlich hasste Theo das kleine lästige Scheusal, durch das ihm sein Leben zur Qual wurde und das alle anderen so liebten.

Dann kam der Zweite Weltkrieg. Theos Vater, der Einzige, der sich sonst immerhin sonntags etwas freundlich um ihn gekümmert hatte, musste zu den Soldaten und war fort.

Der Vater fiel. Ihre Wohnung wurde von Bomben zerstört, und das Zimmer, das die Mutter mit ihren beiden Jungen bezog, war eng und stickig. Die Kriegerwitwenrente reichte nicht weit und die Mutter war nach langer Suche froh, endlich irgendeine Arbeit gefunden zu haben. Der achtjährige Theo wurde jetzt abgesehen von seinen Schulstunden ganztägig zum Hüter seines kleinen Widerparts. Er musste ihn versorgen und betreuen und konnte dabei der ohnehin unglücklichen Mutter kaum etwas recht machten. Er fühlte sich vollständig aus dem Raum ihrer Liebe verstoßen. Für Freunde hatte er keine freie Zeit, er fühlte sich einsam und seine Sehnsucht war unendlich groß.

Mit den Jahren wurde sein kleiner Bruder selbständiger und Theos Freiräume wuchsen. Dennoch waren sie beschränkt, da ihm der größte Teil der Hausarbeit in ihrer mittlerweile wieder auf zwei Zimmer gewachsenen Wohnung wie selbstverständlich aufgetragen war.

Als er sich am Ende seiner Uhrmachergesellenzeit in eine drei Jahre ältere Frau verliebte, ergriff er diese Gelegenheit, schnell zu heiraten und seine Familie zu verlassen. Während er es genoss, erstmals liebevolle Aufmerksamkeit zu erhalten, und noch ehe er seine neue Freiheit wirklich begreifen konnte, wurde seine Frau schwanger und ihr gemeinsames Kind verdrängte ihn schnell wieder aus dem Mittelpunkt. Nach elf Jahren Ehe verließ ihn seine Frau, um mit einem deutlich älteren Mann zusammen zu leben. Er wurde erneut verstoßen.

Nach vier weiteren Jahren lernte er eine acht Jahre jüngere Frau kennen und begann eine Beziehung mit ihr. Wieder genoss er die ihm zuteil werdende liebevolle Zuwendung und ließ sich auf eine neue Ehe ein. Aber seine Frau fand keine dauerhafte Erfüllung bei ihm. Zu stark war sein Bedürfnis nach persönlicher Aufmerksamkeit und danach, im Mittelpunkt zu stehen. Seine ungesättigte Sehnsucht ließ ihn stärker begehren als geben. So kam es nach ein paar Jahren wieder zu einer Trennung, die auch dieses Mal von seiner Frau ausging. Wieder wurde seine alte Wunde aufgerissen, es schien sein Schicksal zu sein, verstoßen zu werden.

Zehn lange Jahre lang zog er sich zurück. Er betrieb sein Uhrengeschäft und führte seine Reparaturen mit Sorgfalt und Akribie durch. Seine Kunden waren zufrieden, er war ein freundlicher Geschäftsmann, aber privat pflegte er keinerlei Kontakte. Nur seine Tochter kümmerte sich gelegentlich um ihn. Auch wenn Bekannte von früher ihn aus seiner Einsamkeit heraus zu locken versuchten, reagierte er nur abweisend und verkroch sich in sein Schneckenhaus.

Dann begegnete er erneut einer Frau, die sich für ihn interessierte und die ihm gefiel. Sie war vierzehn Jahre jünger als er. Lange haderte er mit sich, ob er sich der Gefahr verstoßen zu werden erneut aussetzen solle, oder ob er es doch noch einmal wagen wolle. Er warnte sie. Er könne sich nur auf eine Beziehung einlassen, wenn sie es sehr ernst meine. Eine schmerzliche Erfahrung könne er nicht mehr verkraften.

Sie war eine außergewöhnliche Frau. Trotz ihrer vierundvierzig Jahre hatte sie noch keine längere Beziehung mit einem Mann gehabt. Sie hatte bis auf eine kurze Beziehung immer allein gelebt, und ihre Erfahrungen waren häufig ebenfalls schmerzlich gewesen. In einige ihrer Beziehungen war sie gewissermaßen aus Mitleid mit einem Mann hineingeraten und dann heftig ausgenutzt worden. Sie hatte sich vorgenommen, sich nie wieder ausnutzen und missbrauchen zu lassen. Sie wollte sich nicht wieder einkassieren lassen, sie beharrte auf ihrer Unabhängigkeit und auf eigenen separaten Lebensbereichen. Nur unter dem Vorbehalt, ihre Selbständigkeit nicht aufgeben zu müssen, konnte sie sich auf diese neue Beziehung einlassen. Er akzeptierte. Ihre Beziehung sollte keine Ehe werden, sondern eine freie Liebesbeziehung auf Dauer. Als er einmal ein paar Wochen krank war, blieb sie während dieser Zeit bei ihm in der Wohnung und sie verstanden sich prächtig. Kurz darauf wurde sie krank und sie ließ es zu, dass er sie in seiner Wohnung pflegte. Wieder lebten sie einige Wochen zusammen und es war gut. Aber dann spürte sie auch, wie ihr Teile ihrer eigenen Persönlichkeit abhanden kamen und sie erbat und nahm sich Beziehungsurlaub. Sie wollte über ein Wochenende ein paar Tage allein in ihrer Wohnung bleiben und keinen Kontakt mit ihm haben.

Für ihn war das eine schreckliche Zeit. Ist das der Anfang vom Ende? Will sie sich trennen? - Nun, er verstand, was sie ihm sagte. Nein, sie hatte überhaupt nicht vor sich zu trennen, aber sie brauchte einmal etwas Zeit für sich, um sich zu sammeln und ihre eigenen Dinge zu erledigen. Als sie sich wieder trafen, war alles wieder so gut und so schön wie zuvor.

Trotzdem sagte er ihr, dass sie ihm das nicht oft zumuten könne. Sie sahen sich, da sie auch berufstätig war, normalerweise nur am Wochenende und vielleicht an einem Abend der Woche. Wenn sie sich ein Wochenende für sich alleine nahm, konnte das bedeuten, dass sie einander zehn Tage nicht sahen. Er glaubte, das nicht aushalten zu können. Sie wusste, dass sie es brauchte.

Eine Freundin aus einer entfernten Stadt meldete sich bei ihr zum Besuch an. Sie freute sich und verabredete sich für ein Wochenende mit ihr. Er wünschte sich, dabei sein zu können, aber sie wollte die alte Vertrautheit mit ihrer Freundin lieber unter vier Augen genießen. Darüber war er gekränkt und reagierte verletzt. Sie erinnerte ihn dagegen an ihre Vereinbarung. Er akzeptierte zähneknirschend, aber sie bekam Angst, dass es ihr wieder wie in früheren Beziehungen gehen könne und traf ihn nach jenem Wochenende mit Vorbehalt. Es gab Streit, obwohl sie ihm ihre Liebe erklärte und obwohl er verstand. Aber er konnte es nicht aushalten, für ein Wochenende entthront zu werden, sich einsam und verstoßen zu fühlen. Die nächsten Wochenenden verbrachten sie zusammen.

Dann war bei ihr die jährliche Steuererklärung fällig und sie nahm das zum Anlass, wieder einmal ein Wochenende für sich allein in Anspruch zu nehmen. Am Abend, als sie das ankündigte, gab es wieder Streit und sie gingen einigermaßen ratlos auseinander. Sie wollten es doch so gerne miteinander schaffen. Vor dem besagten Wochenende wollten sie noch einen Abend miteinander verbringen. - Ein Zugeständnis ihrerseits. - Es wurde ein schöner, friedlicher Abend, bis zum dem Zeitpunkt, als er plötzlich einen Herzanfall bekam und kurz darauf, noch vor Eintreffen eines Notarztes, in ihren Armen verstarb. Eine erneute Trennung konnte er nicht einmal mehr für ein paar Tage verkraften und überstehen. Allein die Aussicht darauf ließ sein wundes Herz zerspringen.

8.
Zwei Familien eines Vaters

Eine Frau äußerte sich in einem Beratungsgespräch extrem abfällig über ihre Mutter, von der sie sich vernachlässigt und missachtet gefühlt habe. Die Mutter sei seit vielen Jahren Alkoholikerin und die Beziehung zwischen ihnen beiden sei seit jeher katastrophal. Ich schlug ihr vor, einmal mit ihr nachzuschauen, was wohl Ursache und Hintergrund dieses Alkoholismus sei.

Als erstes fiel auf, dass eine der beiden Schwestern der Mutter ebenfalls Alkoholikerin war, und dass die dritte Schwester unter schweren Ess-Störungen litt. Die Vermutung lag nahe, dass alle drei dasselbe Trauma erlitten hatten, mit dem sie nicht fertig geworden waren. Es lag nach dieser Vermutung sofort klar vor Augen: Der Vater dieser drei Töchter hatte sich auf böse Weise von der Familie getrennt, als die Jüngste drei Jahre alt war. Er war nach einem Streit einfach nicht mehr wiedergekommen und bei einer anderen Frau geblieben.

Eine solche Trennung ist für kleine Kinder, insbesondere wenn sie rücksichtslos im bösen Streit geschieht, fast nie schadlos zu verkraften. Er war Handwerker in einem kleinen Dorf gewesen und kümmerte sich nach seinem Fortgang überhaupt nicht mehr um seine Familie. Seine Frau hatte große Mühe, sich und die Kinder durchzubringen.

Der Mann hatte im Nachbardorf mit einer anderen Frau ein weiteres Kind gezeugt und lebte mit dieser Frau dort zusammen. Sie bekamen insgesamt zwei Kinder. Im Alter von elf Jahren starb allerdings das erste dieser beiden Kinder, ein Mädchen.

Keine der beiden Familien wurde mit der Situation glücklich. Da die Kinder aus beiden Familien alle symbiotisch mit dem Vater und dadurch miteinander verbunden blieben, litten sie umeinander und um das Leid der anderen.

Der Familientherapeut Bert Hellinger spricht davon, man müsse sich um „Ordnungen der Liebe" bemühen. Die hier geschilderte kann kaum als eine solche gelten. Insofern brachte sie für Jahrzehnte Unheil über alle Betroffenen.

Die Mindestanforderung an eine liebevolle Ordnung selbst zwischen zwei getrennten Familien wäre, dass der Kontakt aller Kinder zum Vater bestehen geblieben wäre, und der einen Sorgebeitrag für jedes geleistet hätte.

9.
Befreiung aus Fesseln

Im Vorort einer süddeutschen Großstadt betrieb ein kinderloses Ehepaar eine florierende Bäckerei. Mit etwas Überredungskunst war es ihnen gelungen, einen Neffen dafür zu gewinnen, bei ihnen in die Lehre zu gehen, und es war vereinbart worden, dass er die Bäckerei später übernehmen könne. Als der Neffe nun seine Meisterprüfung bestanden hatte und kurz darauf auch heiratete, schienen es Onkel und Tante, dass die Zeit reif sei, sich gegen eine vereinbarte Rentenzahlung aus der Bäckerei in den wohlverdienten Ruhestand zurückzuziehen. Von der jung angeheirateten Frau des Neffen wurde selbstverständlich erwartet, dass sie ihren Beruf aufgäbe, um in der Bäckerei mitzuarbeiten. Das tat sie dann auch. Lange vernachlässigte Investitionen im Betrieb waren erforderlich, das junge Paar hatte auch private Anschaffungen nötig, so gaben sie in der Bäckerei kräftig Gas. Es kam der erste Sohn, es kam der zweite Sohn. Onkel und Tante waren hilfsbereit und unterstützten die jungen Eltern nach Kräften in der Kinderbetreuung.

Als Michael, der dritte Sohn, geboren wurde, hatten Onkel und Tante die privaten Verhältnisse des jungen Paares mittlerweile so weit übernommen, dass die junge Mutter von montagmorgens bis samstagmittags täglich voll in der Bäckerei arbeiten konnte und musste. 20 Jahre später erzählte sie mir unter Tränen, dass sie einmal ihren dritten Jungen nachmittags im Kinderwagen spazieren gefahren habe und dabei der Tante begegnet sei. Die habe natürlich eine spitze Bemerkung gemacht, und sie habe ein furchtbar schlechtes Gewissen gehabt, dass sie in der Bäckerei einen Nachmittag „geschwänzt" habe. Künftig habe sie sich nicht mehr getraut, während der Woche mit ihrem Kind spazieren zu gehen. Es gelang ihr nicht, sich gegen die wohlmeinenden Verwandten ihres Mannes zu behaupten, die sich doch angeblich so liebevoll um die Kinder und Alles kümmerten. Abends und an den Wochenenden versuchte sie zwar nachzuholen, was sie den Kindern sonst nicht geben konnte, aber das funktionierte nicht so recht und wirkte auf die Kinder eher als zu dick aufgetragen und erdrückend.

Für die Bäckerei ergab sich die Gelegenheit, eine Filiale zu gründen. Sie taten es. Als wenige Jahre später ein großes Einkaufszentrum in der Nähe gebaut wurde, schien es eine unumgängliche Notwendigkeit, dort eine weitere Filiale zu eröffnen. Das Geschäft blühte, der Umsatz und die Gewinne stiegen, aber auch die Belastung des Chefs und der Chefin. 40 Köpfe an Personal waren zu verwalten, zu betreuen und zufrieden zu stellen. Urlaubspläne und Konflikte mussten bewältigt werden, außerdem der Einkauf, die Verkaufsaktionen, die Produktion, die Abrechnung, die Steuererklärungen und die gesamte Verwaltung. Mit der abendlichen Schließung der Läden fing ein Teil der Arbeit erst an. Der erste und der zweite Sohn begriffen schnell, dass sie nicht in der Bäckerei arbeiten wollen würden und schlugen andere Richtungen ein. Da blieb die Erwartung der Eltern an ihrem Jüngsten hängen. Vielleicht weil er am wenigsten Mutterliebe mitbekommen hatte, war er einigermaßen zart geblieben, und das betraf sowohl sein Wesen als auch seine Gesundheit.

Weniger aus Neigung als aus freundlicher Gefälligkeit gegenüber seinen Eltern und um ihnen zu helfen, trat er in die Bäckerei ein. Zu dem Zeitpunkt war er 18 Jahre alt. Nach wenigen Monaten harter und wenig anregender Arbeit entdeckte er seine Leidenschaft für Spielautomaten. Er liebte das prickelnde und kribbelnde Spannungsgefühl, wenn es um sekundenschnelles Gewinnen oder Verlieren ging. Manchmal war er so besessen, dass er 500, 600 oder 700 DM an einem Abend verspielte. Erst versuchte er das vor seinen Eltern zu verheimlichen. Nachdem er aber alle seine Freunde angepumpt hatte, musste er schließlich seinen Eltern seine Spielschulden und seine Sucht offenbaren.

Mit vielen Ratschlägen versehen und durch Versprechungen gebunden, nahm er sich vor, keine Spielhalle mehr zu betreten. Nach einem der nächsten größeren Verlustspielen rief der Filialleiter seiner Bank Michaels Vater an, um ihn auf das aufgelaufende und weiter steigende Minus auf dem Konto seines Sohnes aufmerksam zu machen. Der Vater bestätigte die Deckung und stellte seinen Sohn zur Rede.

Wenige Wochen später stellten Mitarbeiter fest, dass Geld aus der Ladenkasse fehlte. Der Vater legte den fehlenden Betrag schweigend hinein und versuchte, den Vorfall vor seiner Frau zu verbergen. Die hatte aber längst schon selbst dem Sohn mehrere tausend Mark zur Deckung seiner Schulden gegeben und verheimlichte das vor ihrem Mann.

Aus Schuldgefühlen gegenüber ihrem jüngsten Sohn, dem sie früher zu wenig Zeit und Liebe hatte geben können, überschüttete sie ihn jetzt um so mehr mit Zuwendung. In der Bäckerei versuchte sie, ihm Arbeiten abzunehmen und zu ersparen, um ihm Freiräume für Freizeit und Entspannung zu verschaffen. Der Vater nahm ihn dagegen stärker in die Verantwortung und übertrug ihm die Leitung der jüngsten Filiale.

Durch das Mehr an Vertrauen hoffte ihn der Vater besser einbinden und dadurch stabilisieren zu können. Der Sohn aber blieb überfordert. Er sah, dass seine Eltern mit der Belastung durch die viele Arbeit nicht fertig wurden. Beide litten unter chronischen Krankheiten, und er fühlte sich verpflichtet, jedem von ihnen so viel Arbeit abzunehmen, wie es irgend ging.

Trotzdem verlangte Michael dann im nächsten Sommer einen dreimonatigen Urlaub. Das war ein wichtiges Signal. Er wollte die Bäckerei einmal weit hinter sich lassen und versuchen, sie zu vergessen. Als er zurückkam, brachte er die Idee mit, für ein halbes Jahr in einer anderen Bäckerei zu arbeiten. Die Eltern räumten ein, dass das keine schlechte Idee sei und bald fand sich auch in einer anderen Stadt ein etwas größeres Unternehmen, in dem Michael ein halbes Jahr mitarbeiten und neue Erfahrungen sammeln konnte. Als Michael dort wegen einer Grippe ein paar Tage nicht arbeiten konnte, fuhr seine besorgte Mutter sofort zu ihm und brachte ihm ein paar besondere Leckereien aus der Bäckerei. Sie kochte zwei Tage für ihn und betüttelte ihn, so gut sie konnte. Noch bevor das halbe Jahr herum war, wurde die Mutter zu Hause krank. Michael brach seinen Aufenthalt ab, um wieder in der heimischen Bäckerei für sie einzuspringen.

Freunden gegenüber ließ er gelegentlich durchblicken, dass ihn der elterliche Betrieb mit den sich daraus ergebenden Verpflichtungen ungeheuer belaste und fast erdrücke. Als junger Mensch sehnte er sich nach Spaß, Lebensfreude und einem leichten Leben. Seine Spielsucht steigerte sich so weit, dass er an einem Abend 10 000 Mark verspielte. Er litt sehr darunter und entschloss sich zu einem dreimonatigen Aufenthalt in einer Suchtklinik. Vier Monate lang spielte er danach nicht.

Dann ging es wieder los. Er war 24 und in ihm drängte es, sich einen anderen eigenen Lebensweg zu suchen.

Die Mutter versuchte wieder, ihm möglichst viel Arbeit abzunehmen und blieb selber kränklich. Der Vater war an der Grenze seiner Belastbarkeit. Wie hätte Michael da herausgekonnt? In der Familie wurde darüber gesprochen, die Bäckerei zu verkaufen. Aber da sie das Lebenswerk der Eltern war, und es noch so aussah, als ob es seine Zukunft sein würde, konnte sich niemand entscheiden, klar und eindeutig für einen Verkauf zu plädieren. So blieb alles weiter wie bisher. Michael hatte eine Freundin, aber keine Zeit, sie zu sehen. Er hatte eine Arbeit, aber keine Freude daran.

Mit 25 war er so weit, dass er es nicht mehr aushielt. Er wollte die Fesseln abwerfen und sich befreien Aber wie sollte das geschehen? Er wollte seinen Eltern nicht ins Gesicht sagen, dass er sie im Stich ließe. Er wollte sich aber auch nicht einfach heimlich aus dem Staube machen und dadurch zugleich die Liebe seiner Eltern und die finanzielle Basis, die er bei ihnen hatte, aufs Spiel setzen oder aufgeben. So konnte er weder dableiben noch gehen. Aber er vermochte diese Spannung auch nicht auszuhalten. Er empfand, dass er eine Entscheidung treffen müsse. Um aus allem herauszukommen, nahm er sich das Leben.

Ein halbes Jahr später hatten seine Eltern ihr Unternehmen verkauft. Mit einem Schnitt hatten sie ihre jahrzehntelangen Verstrickungen und Fesseln plötzlich lösen können. Für Michael war es leider zu spät.

10.
Nur ein Mädchen

Edith wurde 1943 in Norddeutschland geboren. Ihr Vater war damals im Krieg und kam erst 1951, nach sechs Jahren Gefangenschaft, wieder nach Hause. Seine Frau hatte mit ihm auf dem Hof seiner Eltern gelebt und war in den Jahren seiner Abwesenheit von ihrer verbitterten und harten Schwiegermutter, deren Mann schon im Ersten Weltkrieg gefallen war, so streng und hartherzig wie ein untauglicher Dienstbote gehalten worden. Auch durch härteste Arbeit hatte sie es ihrer Schwiegermutter niemals recht machen und ihr ein freundliches Lächeln oder dankbares Wort abringen können.

In der schlechten Zeit nach dem Zweiten Weltkrieg hatte die alte Frau auch die kleine Edith nur als unliebsamen Mitesser betrachtet und dem blonden Kind böse Blicke und harte Worte zugerufen: „Wenn du wenigstens ein Junge wärest, dann könntest du immerhin anständig mitarbeiten, Mädchen können wir hier nicht gebrauchen." Aber auch von ihrer enttäuschten und unglücklichen Mutter bekam Edith keine Liebe zu spüren. Wegen der ungewissen Hoffnung auf die Rückkehr ihres Mannes, fühlte sie sich an den Hof gebunden und sah kein Entrinnen. Wäre ihr Mann gefallen und hätte sie keine Tochter gehabt, wäre sie frei gewesen zu gehen.

So hielt sich Edith möglichst von Mutter und Großmutter entfernt, ohne jedoch eine gleichaltrige Freundin im Ort zu finden. Der Ort bestand aus vier Häusern und ein gleichaltriges Mädchen gab es im Ort nicht. Die Schule war fünf Kilometer Fußweg entfernt.

Eines Tages kam dann der Vater zurück. Er war ausgezehrt und bis er wieder zu Kräften kam, musste er erst eineinhalb Jahre lang gepflegt werden. Während dieser Zeit war auch er eine zusätzliche Last auf dem Hof und ein weiterer Mitesser, der nicht einmal von seiner Mutter herzlich willkommen geheißen wurde. So blieb die Stimmung gedrückt. Langsam gesundete der Vater und als Edith elf Jahre alt war, wurde die Mutter wieder schwanger und bekam einen Jungen. Die Familie, der Hof, das Dorf, die nie gesehene Verwandtschaft - alle standen Kopf vor Freude - und es wurde ein sieben Tage währendes Fest veranstaltet. Dabei wurden tagelang auf dem sonst so kargen Hof fast 100 Gäste bewirtet, von denen Edith in allen vergangenen Jahren fast noch keinen je gesehen hatte. Auf sie achtete während dieser Woche niemand. Es ging allein um den Sohn, den Erben, den männlichen Nachkommen.

Die Mutter ihrer Mutter war die einzige Person, die jemals von Herzen gut und freundlich zu ihr gewesen war. Sie war ein Jahr zuvor gestorben. Nur einmal war Edith auf deren Hof in den Ferien drei Wochen zu Gast gewesen. Ansonsten blieb Edith weitgehend allein.

Im Jahr der Geburt ihres Bruders setzte bei Edith die erste Menstruation ein. Niemand hatte sie aufgeklärt, sie wagte mit niemanden darüber zu sprechen. Ihre harte Großmutter merkte es mit und sagte nur: „Ach, jetzt geht die Schweinerei auch noch los." Gefühle des Ekels vor sich selbst kamen zur Verzweiflung der Einsamen und Verstoßenen hinzu und machten sie noch unglücklicher und verschlossener.

Mit 16 stürzte sie sich von zu Hause fort in eine unglückliche erste Beziehung, mit 21 rettete sie sich daraus in eine unglückliche Ehe, mit 22 bekam sie ein Kind, mit 30 ließ sie ein zweites Kind abtreiben. Sie erwarb sich in einem sozialen Beruf große Anerkennung, aber seit ihrem zwölften Lebensjahr litt sie 31 Jahre lang unter schweren Kopfschmerzen und Migräne. Seit der Abtreibung war sie alle zwei bis drei Jahre für kleine oder größere Operationen im Krankenhaus. Mit 38 Jahren machte sie den ersten Versuch, sich von ihrem Mann zu trennen. Doch die Angst, wieder in die alten Gefühle der Einsamkeit zurückzufallen, hinderten sie, die Trennung zu vollziehen. Stattdessen dehnte sie ihre Arbeitszeit freiwillig aus und nahm zusätzlich die lange Fahrzeit mit öffentlichen Verkehrsmitteln zu ihrer Arbeitsstelle in Kauf, um nur wenig zu Hause sein zu müssen.

Im Beruf brachte sie Spitzenleistungen wie ein Mann. Als ihr dann mit 42 Jahren bei einer Eierstock- und Gebärmutterentfernung die inneren Organe der Weiblichkeit entfernt wurden, hörten die Kopfschmerzen und Migräneanfälle schlagartig auf. Das war einerseits eine unerwartete und angenehme Nebenwirkung der Operation. Andererseits drückte sich darin aber auch aus, wie grauenhaft tief die Verachtung ihrer Weiblichkeit durch das Umfeld ihrer Kindheit sie geprägt und über Jahrzehnte gequält hatte. Erst als sich sich körperlich vom Fluch ihrer Weiblichkeit gereinigt fühlen konnte, hörten ihre Schmerzen auf.

Sie brauchte weitere zehn Jahre, um sich von ihrem Mann, der mittlerweile zum Alkoholiker geworden war, zu trennen. Erst nachdem sie erkannt hatte, dass ihre mittlerweile jährlichen Krankenhausaufenthalte mit ihrer unglücklichen Situation zusammenhingen und einem Selbstmord auf Raten gleich kamen, schaffte sie den Absprung aus dieser Beziehung und aus ihrem alten Leben. Erleichtert wurde ihr dieser Schritt durch die heimliche Beziehung zu einem anderen Mann, der obwohl verheiratet, sich ihr als treuer Freund und Liebhaber erwies und so ihre Angst linderte, in totale Einsamkeit zu versinken. So wagte sie den großen Sprung auf einen neuen, ihren eigenen Weg.

Zu dieser Zeit wurde ihr bewusst, dass sie als Vermächtnis von ihrer Großmutter mütterlicherseits deren Vornamen trug. Die hatte auf „Edith“ bestanden und dieser Name bedeutet: *Reichtum* und *Glück*, zugleich aber auch *Kampf*. Sie verstand ihren Namen plötzlich so, dass sie ein Recht auf Glück habe und dass sie, um aus ihrem Elend herauszukommen, für ihr Glück kämpfen müsse. Bisher hatte sie sich vor allem für das Glück anderer eingesetzt und daraus Anerkennung zu schöpfen versucht. Von nun an war sie entschlossen, um ihr eigenes Glück zu ringen.

Aus mehrjährigem Abstand kann ich berichten, dass ihr Aufbruch in vielen Hinsichten erfolgreich gelang: Sie war seitdem nicht mehr im Krankenhaus, sie konnte alle Schmerzmittel, die sie seit Jahren eingenommen hatte, absetzen, sie stolperte und fiel nicht mehr, wie zuvor seit vielen Jahren, und ihr früher oft depressives Lebensgefühl stabilisierte sich nach anfänglichen Schwankungen deutlich im positiven Bereich. Sogar ihr Mann konnte kurz nach der Trennung seinen Alkoholismus überwinden.

11.
Stimme voller Tränen

Als ich Frau Klar kennenlernte, war sie 51 Jahre alt. Sie wirkte lebendig, engagiert und kraftvoll, stand in einer verantwortungsvollen Position mitten im Leben und wollte in einem meiner Seminare ihre rhetorischen Fähigkeiten verbessern. Bei ihrer ersten Übungsrede fiel mir ihre innerlich stark bewegte Stimme auf. Ich führte das zunächst darauf zurück, dass ihr Thema und die ungewohnte Seminarsituation sie aufwühle und sagte nichts dazu.

Im weiteren Verlauf des Zusammenseins zeigte sich aber, dass ihre Stimme dauernd von einem unterschwelligen Beben wie kurz vor einem Tränenausbruch begleitet war. Im abschließenden Einzelgespräch fragte ich sie, ob ihr dieser Klang ihrer Stimme schon aufgefallen sei und ob ihr das schon jemand gesagt habe. Sie verneinte, zeigte sich gänzlich überrascht und meinte sofort, ich müsse mich täuschen, das könne nicht sein. Ich räumte ein, dass ich mich irren könne, fragte sie aber, was ihr für schwere Lasten auf der Seele liegen würden. Sie wies das von sich, dazu falle ihr nichts ein. Ich aber ließ nicht locker und ermutigte sie zum weiteren Nachdenken.

„Gewiss", so räumte sie ein, „als ich gegen Ende des Zweiten Weltkriegs in Berlin geboren wurde, fielen dort gerade die Bomben. Die Krankenschwestern schafften meine Mutter noch schnell in den Luftschutzbunker, mich aber ließen sie die ersten eineinhalb Stunden meines Lebens während des Bombenhagels oben im Kreißsaal allein. Aber daran habe ich eigentlich nie mehr gedacht und das kann doch wohl nicht in meiner Stimme hörbar sein." Ich fragte sie weiter: „Und was fällt Ihnen noch ein?" - „Ja, meinen Vater habe ich nie kennengelernt. Meine Mutter war auch nicht mit ihm verheiratet gewesen. Er muss Soldat gewesen sein und tauchte nie wieder auf. So wuchs ich als uneheliches Kind auf und das war damals etwas ziemlich Schlimmes. In der Schule und in der Kirche wurde ich ständig darauf aufmerksam gemacht und daran erinnert und hatte immer das Gefühl, mich verstecken zu müssen."

Mir schien das schon eine zureichende Menge an Erklärungsmaterial für ihre tränenunterlegte Stimme zu sein. Sie aber begann gerade erst, ihre Leidensgeschichten zu entdecken und erzählte weiter: „Vor drei Jahren hat mein Mann mir etwas angetan, über das ich nicht sprechen möchte, aber seitdem kann ich nicht mehr mit ihm zusammenleben. Ich habe mich vor drei Jahren von ihm getrennt, aber das habe ich in meinem Bekanntenkreis und meinen Kollegen noch nicht erzählt. Auch meinen beiden besten Freundinnen habe ich es nicht gesagt, weil ich sie nicht mit meinen Problemen belästigen möchte. Ich kann mein Leben selber führen und brauche niemanden. *(In diesem Satz klingt die Erfahrung der ersten Lebensstunde im Bombenhagel an.)* Das Schlimmste aber war, dass mein Sohn, der bei seinem Vater wohnen blieb, in den letzten drei Jahren ein Jahr lang krank zu Hause lag und sein Vater mich nicht zu ihm ließ. Auch das war sehr schmerzlich."

Als ich sie fragte, ob sie jemals über die Trennung von ihrem Sohn, die Trennung von ihrem Mann oder gar als Mädchen über ihr Ausgestoßensein, geweint habe, verneinte sie. Sie habe eigentlich nie viel dabei empfunden beziehungsweise immer versucht, alleine damit fertig zu werden.

Ich erklärte ihr, dass es ein sinnvoller Schutzmechanismus der Psyche sei, überstarke und zum jeweiligen Zeitpunkt unverarbeitbare Gefühle von Angst, Schmerz oder Wut eine Zeit lang beiseite schieben und verdrängen zu können. Bei einer längerfristigen Verdrängung könne das Ergebnis aber eine allgemeine Gefühlsarmut oder Gefühllosigkeit werden. Es sei ein Problem vieler Menschen, dass sie nicht mehr fühlen könnten. Da sie aber nicht fühlen, spüren sie auch nicht, dass in ihnen eine Zeitbombe tickt, die sich in schweren körperlichen Symptomen, wie beispielsweise einer tränenbelegten Stimme oder im schlimmeren Fall auch in Krebs äußern könne. Um diese Bombe zu entschärfen, sei es notwendig, sich den verdrängten Gefühlen aktiv wieder zuzuwenden und durch deren Aufarbeitung alte Wunden zu heilen.

12.
Meister des Vergessens

Eine 79-jährige, verwitwete Frau wurde plötzlich mit einem Schub so vergesslich, dass sie nicht mehr alleine ihren Haushalt führen konnte. Der Arzt diagnostizierte: „Alzheimersche Krankheit". Ihre Söhne nahmen sie abwechselnd für jeweils drei Monate zu sich. Die Enkelkinder sagten : „Die Oma ist verkalkt." Aber wenn sie darüber ihre Witze machten und spotteten, machte ihr Vater sie darauf aufmerksam, dass seine Mutter schon immer vergesslich gewesen sei, dass es damit zwar viel schlimmer geworden sei, dass es aber schon immer zu ihrem Wesen dazu gehört habe.

Welche seelischen Beweggründe mag es im Leben dieser Frau gegeben haben, das Motiv des Vergessens so stark in den Vordergrund zu rücken? Was mag sie in ihrem Leben alles verdrängen und vergessen haben müssen?

Bei der Betrachtung ihres Lebens fielen mir folgende Aspekte auf:

1. Ihren ersten großen Lebenstraum, Lehrerin zu werden, hatte sie schon sehr früh aus finanziellen Rücksichten auf die Ausbildung ihrer drei Brüder aufgeben müssen. Sie musste damit nicht nur auf einen Beruf sondern auf die Vision eines selbständigen Lebens verzichten. Lehrerinnen mussten damals unverheiratet bleiben oder den Dienst quittieren.

2. Diese Frau musste vergessen, dass sie von einem Mann gegen ihren eigenen und ausdrücklich erklärten Willen zur Ehe genötigt worden war. Auf einem gemeinsamen Spaziergang

mit ihrem Bruder und dessen Freund Peter kamen sie wie zufällig am Siegburger Pfarrhaus vorbei und der lockere Vorschlag der beiden jungen Männer war: „Wir können ja mal gerade den Herrn Pfarrer besuchen." Dem Pfarrer eröffneten die beiden Freunde, dass sie das Aufgebot für Peter und Maria bestellen wollten. Maria war überrumpelt, sagte, sie habe an heiraten noch nicht gedacht und wolle eigentlich auch nicht heiraten. Peter aber veranstaltete einen großen Aufstand und erklärte, wenn sie nicht in die Ehe einwillige, werde er sich entweder das Leben nehmen oder als Missionar nach Afrika gehen und dort jung sterben. Schließlich gab sie seinem Druck nach und unterschrieb unter Tränen. Sich nicht gegen ihn wehren zu können, war ihre zweite schwere persönliche Niederlage.

3. Zu diesem Zeitpunkt war sie 25 Jahre alt, Vorsitzende mehrerer Vereine, für die sie mehrfach jährlich größere Veranstaltungen organisierte. Dabei stand sie selbst als Begrüßungsrednerin, mit Vorträgen oder selbst inszenierten Theaterstücken, bei denen sie auch Hauptrollen spielte, sowohl im Rampenlicht auf der Bühne als auch im Zentrum der Verantwortung. All das, was für sie Eigenständigkeit und Selbstverantwortung bedeutete, musste sie mit ihrer Eheschließung aufgeben.

4. Die Hochzeitsnacht muss eine Katastrophe gewesen sein. Am nächsten Morgen kehrte sie zu ihrer Mutter zurück und verkündete: „Das mache ich nicht mit!" Aber Mutter und Ehemann verfrachteten sie kurzerhand in ein Kloster, in dem sie während einwöchiger Exerzitien aufgeklärt wurde. Am Ende dieser Woche wurde sie von ihrem Mann dort abgeholt und musste in Gegenwart eines Priesters erklären: „Ich bin bereit." Die Fesseln der Ehe erwiesen sich als unentrinnbar und erneut

musste sie eine Kapitulation erleiden.

5. Ein Wahlspruch ihres Mannes lautete nach Nietzsche: „Der Wille des Weibes ist: Er will. Der Wille des Mannes ist: Ich will.“ So erfuhr sie, dass ihr eigener Wille so wenig galt, dass sie ihn geradezu vergessen konnte.

6. Von sechs Kindern, die ihr im Laufe der Ehe geboren wurden, starben vier während oder kurz nach der Geburt. Ihr Widerstand und ihre Verweigerung gegenüber dieser Ehe mag sich darin ausgedrückt haben. Andererseits war der Schmerz um den Tod dieser Kinder für sie kaum anders auszuhalten, als durch Verdrängung. Dass ihr der Tod der Kinder noch als Versagen als Frau angerechnet werden konnte, oder dass sie es sich selbst so auslegte, kam noch als zusätzliche Last hinzu.

7. Ihr Mann forderte volle Unterwerfung. Ihr Bruder sagte: „Diese Ehe war für Maria ein Martyrium.“ Ihr Mann verlangte immer wieder schier Unmögliches von ihr: Zum Beispiel beste Bewirtung all der Gäste, die er nach Hause brachte, auch wenn das weit über die finanziellen Verhältnisse der Familie hinausging. Für ihre Sorgen dabei hatte er kein Verständnis. So organisierte und bewerkstelligte sie vieles, was eigentlich in seinem Sinne war, hinter seinem Rücken und musste dabei doch fürchten, von ihm angebrüllt zu werden, wenn er sie dabei erwischte und ihre Methoden ihm nicht passten. Auch hier musste sie also Verstecken spielen.

In all dem konnte sie ihre eigene Identität entweder überhaupt nicht oder nur heimlich in kleinen Randbereichen ausleben. Ihr Leben wurde für sie durch ihren Mann in großem Maße unentrinnbar fremdbestimmt.

Man kann sich vorstellen, dass es für sie unerträglich schmerzhaft gewesen wäre, sich darüber permanent bewusst zu sein. Deshalb war es für sie das Naheliegenste, ihre eigenen Impulse, Gefühle und vor allem Schmerzen aus ihrem Bewusstsein beiseite zu schieben, sie zu verdrängen und zu vergessen.

So übte sie sich jahrzehntelang im Vergessen und konnte dadurch ihr Leben aushalten. Dabei wurde sie allerdings zunehmend zu einer Meisterin des Vergessens und vergaß schließlich mehr, als für eine selbständige Bewältigung des Alltags noch gut war.

Wie in den meisten der anderen Berichte zeigt sich auch hier bei genauerem Hinsehen, dass es sich bei einem als Krankheit diagnostizierten Symptom nicht um eine rein mechanisch-organische Fehlfunktion handelt, sondern dass sich in diesem Symptom eine ganze individuelle Lebensgestalt ausdrückt.

Dasselbe zeigt sich ebenfalls in Bezug auf die „Alzheimersche Krankheit“ in den Berichten 13. und 16.

13.
Die Puppe der Oma

Eine Frau berichtete mir von ihrer Oma. Sie lebte in ihrem letzten Lebensjahr in einem Pflegeheim und war dort bettlägerig. Sie sei so verwirrt gewesen, dass sie ständig eine schäbige alte Stoffpuppe im Arm hätte halten wollen. Man habe ihr die Puppe gar nicht abnehmen können. Die Oma habe immer gesagt, das sei ihr Kind. In klareren Augenblicken hätte sie gesagt, ja, sie wisse, dass das kein Kind sei, sie wolle die Puppe aber doch haben. Sie habe auch immer vor sich hingebrabbelt und anscheinend mit der Puppe gesprochen. Sie sei meist völlig verwirrt gewesen.

Meine naheliegende Frage war, ob die Oma vielleicht früher ein eigenes Kind verloren und den Schmerz darüber nicht verwunden habe. Aber die Enkelin bestritt das energisch. Nein, die Oma habe nur zwei Kinder gehabt, und die würden beide noch leben. Trotz allem Nachfragen konnte ich nicht mehr in Erfahrung bringen, und die Enkelin hielt ihre bisherige Auffassung einer altersbedingten Alzheimerschen Verwirrung aufrecht. Am nächsten Tag aber rief mich die Frau an und erzählte mir, ihr sei doch etwas über einen sinnvollen Hintergrund der Puppe eingefallen:

Ihre Oma habe zwar kein eigenes leibliches Kind verloren, sie habe aber nach der Scheidung ihrer Tochter deren Tochter, also eine Enkelin, großgezogen. Und die habe sich mit ungefähr zwanzig Jahren das Leben genommen. Die Oma habe insofern doch ein Kind verloren. Zusätzlich habe sie sich noch vorgeworfen, durch Fehler bei der Erziehung ihrer Enkelin selbst an deren Tod schuld zu sein. Das Verhältnis der Oma zu ihrer

Tochter, deren Kind sich das Leben genommen hatte, war schon vor diesem Vorfall gespannt. Danach hatten die beiden einander erst recht nichts mehr zu sagen. So hatte die Oma gewissermaßen ihre Tochter auch noch verloren. Entsprechend einsam, verlassen und voller Schuldgefühle lag die alte Frau nun in ihrem Alter ungetröstet auf ihrem Sterbebett und konnte doch nicht sterben. Es gab ein ungelöstes Thema in ihrem Leben, das Jahrzehnte ihres Lebens geprägt hatte, und an dem sie litt. Symbol dafür waren gleichermaßen die Puppe und ihre hilflose Pflegebedürftigkeit.

Die Reaktion der Angehörigen und des Heimpersonals auf die Verwirrtheit der alten Frau kann man sich vorstellen: Sie erhielt um so weniger Achtung und Beachtung, je „eindeutiger" für alle Menschen um sie herum die Diagnose „Altersverwirrung" galt. Anstatt mit ihr um ihre verlorenen Kinder zu trauern, „lohnte" sich schließlich in den Augen der Verwandten ein Besuch bei der alten Dame nicht mehr, weil die Oma ja angeblich doch nicht mehr ansprechbar war und nur noch Interesse an ihrer besabbelten Puppe hatte.

14.
Herzschmerz

Als Frau Schlüter mit 78 Jahren einen Herzinfarkt erlitt, wunderte sich niemand darüber, denn sie war ja alt genug dafür. Aus heiterem Himmel, an diesem oder jenem Tag, wie es der Zufall gerade so will, trifft einen halt irgendwann der Schlag. Das war auch die Meinung ihres behandelnden Arztes.

Nun gibt es aber manchmal in den verborgensten Winkeln und Falten eines Herzens Geheimnisse, die sich nur demjenigen enthüllen, der genau hinzuschauen versteht. Genau davon soll hier berichtet werden.

Folgendes war nämlich geschehen und es bedurfte sorgfältiger Nachfrage, um die tieferen Zusammenhänge zu erkennen:

Frau Schlüter war eine durch und durch „gut katholische" Frau. Sie war sittenstreng, konsequent und hart zu sich und den Menschen in ihrer Umgebung. Nach ihrer Heirat hatte sie schnell im Hause das Regiment übernommen und ihre fünf Kinder kasernenhofmäßig abgerichtet. Sauberkeit, Pünktlichkeit und Wohlanständigkeit waren ihre obersten Maximen. Wenn sie ihre Kinder geliebt hatte, so hatten diese es zumindest kaum gemerkt. Ihrem Mann ging es ähnlich. Im Laufe der ersten fünf Ehejahre setzte er sich zuerst beruflich und dann auch privat zunehmend aus ihrer Nähe ab. Noch bevor in ihrer Ehe das vierte Kind gezeugt worden war, hatte er bereits eine feste Freundin, mit der er nicht nur viele Abende und Wochenenden verbrachte, sondern mit der zusammen er auch jährlich in Urlaub fuhr. Frau Schlüter, der dies alles nicht verborgen bleiben konnte, nahm dies jedoch nicht als Anstoß, um an der Richtigkeit ihrer eigenen Prinzipien zu zweifeln. Sie hielt ihren Mann für einen verweichlichten Schwächling, der die Kraft zur Einhaltung der moralischen Grundsätze nicht aufbringen konnte. Da ihr Mann zugleich keine Anstalten machte, den äußeren Schein einer wohlanständigen, gut katholischen Familie im eigenen Heimatort zu zerstören, hielt sie darauf, diesen Schein sowohl nach innen als auch nach außen aufrecht zu erhalten. Auch mit ihrem Mann selbst gab es keine direkten Auseinandersetzungen. Weder provozierte er sie, wenn er zu Hause war, noch stellte sie jemals seine „geschäftlichen Verpflichtungen“ oder seine "botanischen Exkursionen" offen in Frage.

Während mehr als 20 Jahren ahnten die Kinder nichts von den wahren Verhältnissen ihrer Eltern, und selbst Frau Schlüter hatte es sich angewöhnt, zu Hause immer nur vom „lieben Vati“ zu sprechen. Der Halt, den ihr ihre Religion zu geben vermochte, bestand in der Vorstellung, wie eine gut katholische Ehe und Familie nach außen hin auszusehen habe. Diese klar definierte Vorgabe vermochte sie sogar nach außen hin zu realisieren.

Was ihrer Religion allerdings nicht gelang, war ihr verletztes Herz zu trösten. Vor ihrem Pfarrer, der eigentlich dazu da gewesen wäre, solchen Trost zu vermitteln, hätte sie sich eher die Zunge abgebissen, als auch nur die leiseste Andeutung der Wahrheit durchklingen zu lassen. So hatte sie ihr Herz und sich selbst in Anständigkeit und Pflichtentreue eingemauert. Innerhalb dieses Korsetts konnte sie immerhin viele Jahre leben.

Ihr Mann dagegen stand zwischen zwei Frauen. Seine Ehefrau

konnte er nicht verlassen, weil er spürte, dass eine Scheidung die Welt dieser Frau zerstört hätte, und dass sie daran zerbrochen wäre. Von der anderen Frau dagegen konnte er nicht lassen, weil er sie liebte und sie ihm die Wärme, Geborgenheit und Zuwendung gab, die er sich für sein Leben wünschte. So fühlte er sich verurteilt, zwei Leben zu leben: Das eine voller Untreue und Verrat, das andere voller Heimlichkeit und Angst vor öffentlicher Entdeckung. Auch aus der Beziehung zu dieser Frau entstand ein gemeinsamer Sohn.

An beide Leben fühlte er sich gebunden, aber er spürte zugleich, wie er zwischen beiden zerrissen wurde. Die Lösung für ihn war der Tod, der ihn im 54. Lebensjahr, noch ehe seine jüngeren Kinder die Volljährigkeit erreicht hatten, plötzlich ereilte. Sein Herz zerriss unter der Spannung. „Herztod" diagnostizierte der Arzt.

Frau Schlüter, die durch seinen Tod aus einer unglücklichen Lage befreit wurde, konnte nun die Rolle der betrübten Witwe spielen und fortan stand auf ihrem Nachttisch das Foto ihres verstorbenen „lieben Mannes", des „lieben Vatis", der so viel für seine Kinder getan hatte.

24 Jahre später: Zu Weihnachten fuhr Frau Schlüter diesmal zu ihrem Sohn Horst. Die Beziehung war nicht herzlich, aber korrekt. Man hatte sich im Allgemeinen nicht viel zu sagen. Sie blieb für eine Nacht und fuhr dann wieder nach Hause. Bei ihrem Sohn Horst lief das übliche Weihnachtsritual ab. Mit seiner Frau und seinen zwei Kindern wurde eine Familienidylle vorgeführt, die es während des restlichen Jahres nicht gab. Die alte Mutter Schlüter geriet hier in folgende Situation: Zunächst wusste sie nicht, dass ihr Sohn Horst mittlerweile vom

Doppelleben seines „lieben Vatis“ erfahren hatte. Außerdem wusste sie nicht, dass er bereits seit vier Jahren neben seiner Ehe eine Beziehung zu einer anderen Frau unterhielt, der er wesentlich mehr Zeit widmete als seiner Ehefrau. Sie wusste auch nicht, dass es ihrem Sohn wesentlich lieber gewesen wäre, sie wäre zu Weihnachten nicht gekommen und hätte es ihm damit erspart, ihr eine Familienidylle vorzuspielen, die es längst nicht mehr gab.

Niemand hatte ihr etwas von all dem gesagt, sie wusste nichts davon. Tief in ihrem Inneren aber spürte sie die Falschheit des Scheins in dieser Familie. Dieses Spiel hatte sie selbst so viele harte Jahre gespielt und es war ihr nur allzu vertraut. Sie ahnte es in jedem Wort, in jeder Geste, in jedem Blick, der zwischen ihrem Sohn und seiner Frau ausgetauscht wurde. Aber sie konnte es nicht bewusst fassen und aufdecken.

Ihr Herz schlug heftiger. Ihr eigenes Schicksal sprang sie noch einmal aus dem Spiegel der Ehe ihres Sohnes an. Was sie an mitleidendem Verstehen und an mütterlicher Liebe innerlich empfand, es konnte unmöglich über die Hürden der in ihr aufgerichteten Mauern nach außen dringen. Um teilnehmen und trösten zu können, hätte sie erst ihre eigene Maske ablegen, und die Lüge ihres eigenen Lebens sich selbst und ihrer Familie eingestehen und offenbaren müssen. Aber damit hätte sie sich der Gefahr ausgesetzt, von ihrem Sohn verachtet zu werden und ihm das gute Andenken an seinen Vater zu zerstören, für das sie sich ja unter größten Überwindungen immer eingesetzt hatte. So konnte sie nicht aus ihrer Haut, so konnte sie nicht aus ihren selbsterrichteten Mauern.

Sie musste abreisen wie sie gekommen war: Korrekt. Und ihr

Sohn hatte wieder einmal keine Gelegenheit zu merken, dass sie ihn liebte. Sie hatte es ja in so vielen Jahren selbst nicht gemerkt. Aber ihr Herz war aufgewühlt. Ihr Herz klopfte an die Mauern, die es umgaben. Auch die Ströme zurückgehaltenen Zornes und alter Tränen ihrer Vergangenheit kamen wieder in Wallung und wurden vermehrt um die Tränen des Mitleids für ihren Sohn.

Das Maß ihrer Selbstbeherrschung war überschritten. Die Mauern und Dämme zerbarsten und ihrem Herzen entrang sich unter Schmerzen ein Schrei.

Als ihr Sohn dann an ihrem Krankenbett saß, reichte sie ihm ihre alte Hand. Er konnte sich nicht daran erinnern, jemals zuvor ihre Hand gehalten zu haben. Erst war er verunsichert, doch dann spürte er endlich, was ihr Mund ihm noch immer nicht auszudrücken vermochte: Das leidende und liebende Herz seiner Mutter.

Kurz darauf wurden die „Geheimnisse" in der Familie gelüftet. Die Mutter erholte sich wieder zu voller Gesundheit.

15.
Kontaktstörung

Georg Haller war 43 Jahre alt und träumte davon, eine Familie zu haben. Tatsache war aber, dass er noch nie eine längere Beziehung zu einer Frau gehabt hatte. Er sagte, es falle ihm schwer, zu anderen Menschen in Beziehung zu treten und er bezeichnete sich sogar selbst als „kontaktgestört". Er kam zu mir, in der Hoffnung, dass ihm Rhetorik und Dialektik bei der Überwindung seiner Schwierigkeiten helfen können.

Auf meine Nachfrage stellte sich im Gespräch folgendes Hintergrundszenario heraus:

Georg Haller war in der DDR in Thüringen geboren. Als er noch kein Jahr alt war, floh sein Vater in den Westen. Seine Mutter folgte ihrem Mann gut ein Jahr später. Er selbst blieb als etwa zweijähriges Kind bei seinen Großeltern zurück. Erst als erwachsener Mann erfuhr er, dass diese Großeltern lediglich die Stiefeltern seiner Mutter gewesen waren. Als er fünf Jahre alt war, fuhr seine Großmutter, die er sehr liebte, mit ihm in den Westen zu seinen Eltern. Nach einem Aufenthalt von drei Tagen ließ sie ihn dort und kehrte selbst wieder zu ihrem Mann in die DDR zurück. Georgs Eltern hatten zwischenzeitlich zwei weitere Kinder bekommen, die sechs Monate und zweieinhalb Jahre alt waren. Sein Vater war selten zu Hause und meist auf der Arbeit, seine Mutter war mit den beiden Kleinkindern beschäftigt. So war er nicht in ein warmes Familiennest gekommen, sondern fühlte sich in seiner ganzen folgenden Kindheit und Jugend als fünftes Rad am Wagen. Sowohl seine Großmutter als auch seinen Großvater, beschrieb er als zwei sehr wichtige Menschen für sich. Er sah sie von nun an nur noch alle zwei Jahre. Seinem Großvater begegnete er nur noch dreimal, da der dann starb.

Als Erwachsener erfuhr Georg auch erst, dass seine Mutter noch einen leiblichen Bruder in der DDR gehabt hatte. Der war gerade ein halbes Jahr, bevor Georg das erste Mal nach der deutschen Vereinigung wieder nach Thüringen fuhr, dort gestorben. Außerdem hatte seine Mutter von ihrer leiblichen Mutter noch einen Halbbruder, zu dem sie keinen Kontakt hatte. In ihrer Stieffamilie hatte sie drei Stiefbrüder gehabt, von denen zwei im Zweiten Weltkrieg gefallen waren, der dritte war über England abgeschossen worden und hatte sich daraufhin in England niedergelassen. Ein Bruder des Vaters war 1943 in Stalingrad gefallen. Die Eltern seines Vaters hatte Georg als Kind im thüringischen Dorf gekannt, aber er hatte wenig Kontakt zu ihnen gehabt. Später sah er sie noch zweimal.

Bei der Betrachtung des gesamten Lebens von Georg Haller fällt Folgendes auf: Der Kontakt zu allen Bezugspersonen seiner Kindheit wurde massiv gestört: zum Vater und zur Mutter durch deren Flucht, zu den Großeltern dadurch, dass die ihn nach drei Jahren seinen Eltern im Westen übergaben. Der Kontakt zu seinen Geschwistern blieb gestört, da sie ihm bei seiner Heimkehr zu seinen Eltern fremd waren und für ihn ein emotionales Hindernis bei der Kontaktaufnahme zu seiner Mutter und seinem Vater bedeuteten.

Aber auch der Kontakt seiner Mutter zu ihren leiblichen Eltern war unterbrochen worden, als diese sechs Jahre alt war. Über seine leiblichen Großeltern mütterlicherseits weiß Georg Haller nichts. Ebenfalls ist der Kontakt der Mutter zu ihrem Bruder, ihrem Halbbruder und ihren drei Stiefbrüdern abgebrochen. Auch der Vater hatte nach seiner Flucht aus der DDR zu seinen Eltern nahezu keinen Kontakt mehr und hatte seinen einzigen Bruder verloren.

So ist das Leben von Georg Haller durch zahlreiche Kontaktstörungsmuster überschattet. Zum einen hatten seine Eltern mehrere Kontakt(zer)störungen zu verkraften, zum anderen gab es in seiner eigenen Kindheit massive Kontaktstörungen. Wenn man alle Personen in seiner Familie zusammenzählt, zu denen eine Kontaktstörung bestand oder besteht, kommt man auf etwa ein Dutzend Personen. Eigentlich gibt es in seinem engeren Umfeld keine einzige Beziehung, die frei von Kontaktstörungen geblieben wäre. Neben den Schmerzen um die Kriegstoten spiegelt sein Schicksal zugleich die Kontaktstörung, die die Grenze zwischen der DDR und der Bundesrepublik Deutschland für die Menschen hüben und drüben über mehrere Jahrzehnte bedeutet hat.

Wie könnte ein Mensch mit einer solchen Geschichte in seinen gegenwärtigen Beziehungen selbst frei von Kontaktstörungen sein? Wie könnte er sich, ohne Angst vor schweren Enttäuschungen zu haben, auf neue und intime Beziehungen und Bindungen einlassen? Seine Ur-Erfahrung ist die der Trennung. So leidet dieser Mann nicht nur an Sehnsucht und Einsamkeit sondern vor allem an seiner großen Scheu, sich anderen Menschen aktiv für eine vertrauliche Beziehung zu nähern und zu öffnen. Da helfen keine oberflächlichen rhetorisch-dialektischen Kunstgriffe, da bedarf es einer tief greifenden Durcharbeitung der in ihm abgelagerten alten Schmerzen und Traurigkeiten. Ein paar Besuche in seiner alten Heimat und einige klärende Gespräche mit seinen Verwandten dort haben bei ihm schon zu einiger Erleichterung geführt. Sie setzten bei ihm nicht nur Tränen in Bewegung, sondern auch einen deutlich erkennbaren inneren Befreiungs- und Wachstumsprozess. Bis er mit einer glücklichen Beziehung erfolgreich ist, scheint nur noch eine Frage der Zeit zu sein. Er wächst ihr entgegen.

16.
Wo ist meine Mama?

An einem dunklen Novembertag wurden auf der fünften Etage eines Mehrfamilienhauses in Köln die Nachbarn durch lautes Geschrei im Treppenhaus aufmerksam. Sie fanden das 78-jährige Fräulein Ranke nur mit einem leichten Unterrock bekleidet auf Knieen durch den Trepppenflur rutschen und verzweifelt weinend nach ihrer „Mama" rufen: „Wo ist meine Mama?" Hilflos, wie Nachbarn nun einmal meistens sind, riefen sie für das offenbar völlig verwirrte alte Fräulein die Polizei. Die alte Frau wurde wieder in ihre Wohnung geführt und die Polizei verständigte einen Notarzt und einen entfernten Verwandten. Da niemand die alte Dame alleine lassen, aber auch niemand bei ihr bleiben wollte, wurde sie noch am selben Abend in ein Krankenhaus gebracht. Der Notarzt hatte zwar weder einen Verdacht auf Herzinfarkt, Schlaganfall oder eine andere Krankheit geäußert, aber man konnte ja nie wissen und sie einmal untersuchen.

Was bedeutete der Ruf nach der „Mama" und was war der Auslöser gewesen? War die alte Dame wirklich nur verwirrt, wie es alte Leute manchmal angeblich sind, war sie durchgedreht oder hatte die ganze Szene einen tieferen Sinn? Kristallisierte sich vielleicht in dieser Krise der unterdrückte Bodensatz ihres ganzen Lebens? Das Schicksal, das hier zum Ausdruck kam, war folgendes:

Kurz nachdem Editha geboren worden war, brach der Erste Weltkrieg aus. Ihr Vater, ein ambitionierter junger Rechtsanwalt und liebevoller Vater seines einzigen Kindes, musste einrücken. Im Grabenkrieg an der deutschen Westfront in der

Nähe von Verdun erlebte er bei einem Gasangriff mit, wie Hunderte seiner Kameraden elendiglich umkamen und erlitt dadurch einen solchen Schock, dass er hochgradig zuckerkrank und schwermütig aus dem Krieg zurückkehrte. Nach einer noch eineinhalb Jahre währenden Leidensgeschichte starb er im April 1920.

Editha war zu dem Zeitpunkt sieben Jahre alt. Während ihr Vater im Wohnzimmer aufgebahrt lag, spielte sie in kindlicher Unschuld und Naivität im selben Zimmer mit ihren Puppen. Die Mutter, die ihren Mann sehr geliebt hatte und die ganzen letzten Jahre um ihren Mann gezittert und gebangt hatte, musste nun alleine damit fertig werden, ihn doch verloren zu haben. Sie war vom Leben enttäuscht und verlor alle Freude daran. Nur das Bewusstsein ihrer Pflicht und Verantwortung gegenüber ihrer Tochter hielt sie aufrecht. Dennoch blieb sie für ihr restliches Leben von einer latenten Schwermut gezeichnet.

In den ersten beiden Jahren nach dem Tod ihres Mannes hatte sich dessen verwitweter Vater dreimal wöchentlich zum Mittagessen bei ihr eingeladen. Er wollte sie dadurch sowohl zu einer geordneten Haushaltsführung zwingen als auch einen Vorwand haben, ihr etwas Geld für die knapp gewordene Haushaltskasse beizusteuern. Darüber hinaus erhielt Edithas Mutter eine kleine Rente und verdiente sich durch feine Handarbeiten, die sie insbesondere für Verwandte anfertigte, etwas dazu. So konnte die Wirtschaft recht und schlecht weitergehen. Aber Edithas Hauptaufgabe war es, ihre Mutter zu trösten. Gewissermaßen wechselten Editha und ihre Mutter die Rollen: Editha wurde die Mutter und die Mutter wurde das Kind.

Entsprechend schwer wurde es für Editha, sich später von ihrer Mutter zu lösen: Zum einen war da die Schwermut ihrer Mutter. Zum anderen hatte ihre Mutter kaum Verwandte und Bekannte. Editha war ihre einzige Bezugsperson.

Erschwerend für einen „normalen" Abschied Edithas aus dem Elternhaus kam eine Krankheit ihrer Füße, die plump und unförmig wurden. Ihr Gang wurde dadurch schwerfällig und sie verlor an Attraktivität. So fand sich kein Freund und Verehrer, der sie von der Seite ihrer Mutter „entführt" hätte.

Statt dessen hatte Editha aber einen Beruf gewählt, der ihren erworbenen Fähigkeiten voll entsprach und der sie erfüllte. Sie war Fürsorgerin bei der Deutschen Reichsbahn geworden. Zu ihren Aufgaben gehörte es, sich um in Not geratene Eisenbahner und deren Familien zu kümmern, alleinstehenden Pensionären oder Invaliden den Weg in ein Heim zu ebnen oder aber auch sich um die hinterbliebenen Familienangehörigen von verunglückten Eisenbahnern, also um Familien, in denen der Vater fehlte, zu kümmern. Sie lernte die kalten und feuchten Souterrainwohnungen, die steilen Stiegen in lichtlosen Hinterhäusern und die elenden und durchtropfenden Mansarden von ins Unglück geratenen Menschen kennen und konnte sowohl durch Zuhören als auch mit guten Worten des Zuspruchs so wie mit hartem Geld manches Leid lindern. So konnte sie als Mutter für viele sorgen und wirken. Sie tat es mit Hingabe, gern und bescheiden.

Dann kam der Zweite Weltkrieg. Als der zu Ende ging, war sie 33 Jahre alt. Noch immer jung genug also, um zu heiraten und Kinder zu bekommen. Aber die Sache mit ihren Füßen wurde immer auffälliger und den wenigen heil aus dem Krieg zurückgekommenen jungen Männern stand eine wesentlich größere Zahl von jungen Frauen gegenüber. Es waren einfach nicht mehr genug Männer für alle Frauen da.

Auch die furchtbare Wohnungsnot im zerstörten Köln ließ es als selbstverständlich erscheinen, dass sie unter diesen Umständen weiter mit ihrer Mutter zusammenlebte. Die kränkelte überdies und brauchte zunehmend Betreuung. Es war absehbar, dass sie sich nicht mehr alleine würde versorgen können. Als sie dann auch bettlägerig wurde, war es für Editha selbstverständlich, ihre Mutter zu Hause zu pflegen, so weit das neben ihrem Beruf möglich war. Sechs Jahre lang war die Mutter schwer pflegebedürftig und Editha schaffte es, alles so zu organisieren, dass die Mutter zu Hause bleiben und am Ende dort auch friedlich in ihren Armen sterben konnte. Dann war Editha allein. Außer ihren Klassenkameradinnen und ein paar Cousinen und Cousins hatte sie niemanden. Immerhin hatte sie weiter Freude an ihrer Arbeit. Doch mit den Jahren fielen ihr all die Gänge, die sie zu machen hatte, wegen ihrer zunehmend schmerzenden Füße immer schwerer. Sie erreichte es schließlich, dass ihr ein Dienstwagen mit Fahrer zugeteilt wurde. In ihrem privaten Umfeld sprach sie jedoch niemals mit irgend jemand über ihr Fußleiden. Sie stellte überhaupt wenig Ansprüche, sprach kaum über sich selbst, war aber eine aufmerksame Zuhörerin und Beraterin für alle, denen sie begegnete.

Eines Tages kam der Ruhestand auf sie zu. Für ihre Füße war das eine Erlösung, ansonsten aber brach für sie als gehbehinderte ältere Frau eine einsame Epoche an. Da sie sich immer um andere und fast nie um sich selbst gekümmert hatte, fiel es ihr ziemlich schwer, all die plötzlich frei gewordene Zeit für sich selbst zu füllen. Sie nahm teil, wozu sie eingeladen wurde, ansonsten aber hörte man nicht viel von ihr. Sie lebte zurückgezogen und genügsam für sich. Sie organisierte ihr Leben selbst, hatte eine Putzfrau, die auch Einkäufe für sie erledigte und brauchte weiter niemanden um Unterstützung und Hilfe zu bitten. Sie schien zufrieden und hielt sich auch selbst für zufrieden. Das Fernsehen mit seinen drei Programmen war ihr bester Gesellschafter. Sie wählte gezielt Sendungen aus, las Bücher und bestellte sich zusammen mit einer Cousine ein Abonnement im Kölner Stadttheater. So gingen die Jahre dahin und je beschwerlicher ihr das Gehen fiel, desto zurückgezogener lebte sie. Hinzu kam, dass die Reihen der ihr nahestehenden Altersgefährtinnen sich entweder bereits durch den Tod lichteten, andererseits aber auch dadurch, dass manche sich in Altersheime zurückgezogen hatten und die Kontakte sich auf immer seltenere Telefongespräche, bei denen es immer weniger Ereignisse zu besprechen gab, verringerte.

Da saß sie nun, und die Putzfrau, die zwei Mal wöchentlich zu ihr kam, war oft über Wochen der einzige Mensch, mit dem sie sprach. Und dann fuhr diese Putzfrau mit ihrer Familie für sechs Wochen in Urlaub! Drei Tage später kroch Editha Ranke schreiend durch das Treppenhaus. - „Wo ist meine Mama!? Ich habe keinen Papa gehabt, ich habe keine Mama gehabt, die mich getröstet hätte, ich musste sogar meine Mama trösten, ich bin die Mama für die ganze Welt gewesen, ich habe Niemanden gehabt, der für mich dagewesen wäre, ich habe keinen Mann und keine Kinder gehabt, meinen Schmuck und meinen Brilliantring hat mir niemand geschenkt, ich musste ihn mir selber kaufen, niemand interessiert sich für mich, keiner kümmert sich um mich, alle Menschen haben eine Mama, wo ist nur meine Mama?! Selbst meine Putzfrau lässt mich jetzt noch im Stich!"

Hätte sie sich nett anziehen sollen, ein Blümchen in die Hand nehmen (woher hätte sie es überhaupt bekommen sollen?) und bei ihren Nachbarn auf der Etage klingeln sollen: „Bitte entschuldigen Sie, dass ich Sie störe, ich fühle mich gerade so einsam, ob Sie vielleicht zu mir herüberkommen würden, um mir etwas Gesellschaft zu leisten?" - Nein, sie wäre freundlich beschwichtigt und hinauskomplimentiert worden. Wenn sie wirklich erreichen wollte, dass sich jemand ernsthaft und dauerhaft um sie kümmerte, dann musste sie es spektakulär anzetteln. Ungehörig, wild und mit Geschrei, halbnackt. Und es gelang: Die Polizei, ein Arzt, eine Fürsorgerin, ein Cousin und eine Cousine waren binnen weniger Stunden zusammengekommen, und Ärzte und Krankenschwestern umsorgten sie danach im Krankenhaus.

Als sie dann drei Wochen später in ein Pflegeheim überwiesen wurde, bedeutete das für sie, ein Heim und Pflege zu haben. Zu aller Erstaunen sträubte sich die ehemals so zurückhaltende und eher vornehm wirkende Dame auch nicht gegen ein Zweibettzimmer mit einer anderen älteren Dame. Sie ließ sich alles gefallen, hörte auf, sich zu kümmern, hörte auf, gemäß ihrer Erziehung fein zu sein und klug zu reden. Sie schwieg, ließ sich füttern und verwöhnen. Es ging ihr gut. Ihre Pflegerin erschien ihr wie eine Mutter und sie war dankbar dafür. Zum ersten Mal seit siebzig Jahren wurde sie wieder aufmerksam umsorgt.

Als ihre Stationspflegerin sich dann aber auch eines Tages zu einem mehrwöchigen Urlaub verabschiedete, lächelte Editha

Ranke. Als ihr drei Tage später das Abendessen gebracht wurde, lächelte sie wieder. Wenige Minuten später erlosch sie wie eine zu Ende gebrannte Kerze. Jetzt hatte auch sie für eine kleine Zeit eine Mutter gehabt und konnte zu Mutter Erde zurückkehren.

Als sie im Grab ihres Vaters und ihrer Mutter beigesetzt wurde, wusste der Pfarrer nicht einmal, dass er eine Frau begrub. Er betete für einen Mann. Nur fünf Trauergäste waren gekommen. Ihre Welt war sehr klein geworden, niemand kannte sie mehr. Die Verwandten hatten es nicht einmal für nötig gehalten, für die Trauerfeier einen Organisten zu bestellen. Wenn nicht zufällig einer der Anwesenden ein paar Lieder auf dem Harmonium hätte spielen können, wäre sie sang- und klanglos verscharrt worden.

17.
Sehnsucht und Suche

Als Achim T. 1962 geboren wurde, hatte sich sein Vater schon abgesetzt. Er hatte kein Interesse an einer schwangeren Frau und einem Kind gehabt. So gut katholisch die Gegend war, so elend fühlte sich die uneheliche Mutter und gab nach der Geburt ihr Kind fort zu Pflegeeltern. Ein Jahr später lernte sie einen anderen Mann kennen, den sie dann bald heiratete. Als sie mit ihm ein gutes Jahr später ein Mädchen bekam und wieder Hausfrau wurde, begann sie darüber nachzudenken, auch Achim wieder zu sich zu nehmen. Ein halbes Jahr später tat sie das. Obwohl er das ältere Kind war, blieb er jedoch nur das „Stiefkind", der „Unfall", und wurde gegenüber dem Mädchen, das „Papas Liebling" war, von Anfang an auch von der Mutter zurückgesetzt. Achim fühlte sich in seinem Zuhause nie richtig zu Hause und verschloss sich zunehmend in sich selbst.

Mit 20 entdeckte er sich als homosexuell. Es begann der Weg seiner Suche nach einem Mann. Sein erster Freund war etwa zwanzig Jahre älter als er. So alt hätte sein Vater sein können. Einem späteren Freund sagte er bei einer der ersten Begegnungen: „Damit klar ist, was ich von dir will: Ich will, dass du mich liebst."

Er wanderte von Mann zu Mann und fand doch nicht den, den er suchte - seinen Vater. Ein Vater ist nicht zu ersetzen. Und bei einer Frau brauchte er gar nicht erst zu suchen. Seine Mutter - seine erste Frau - hatte ihn, als er ganz besonders bedürftig war, verstoßen und damit seine Fähigkeit, sich gegenüber Frauen zu öffnen, sich loszulassen und einzulassen, für immer zerstört.

Einen anderen Freund hatte er mit den Worten von sich gewiesen: „Es kann nicht richtig sein, dass ich jedesmal, wenn ich dich gesehen habe, nachher viel trauriger bin als vorher und wieder weinen muss, weil ich solche Sehnsucht spüre. Lieber will ich dich nicht mehr sehen."

So stürzte er sich wieder in sein eigenbrötlerisches Sein und in viele, zum Teil gleichzeitige oberflächliche Beziehungen. Kein Freund als Einzelner konnte ihm genügen. Um sich für den Fall des Endes einer Beziehung davor zu schützen, ins Bodenlose seiner alten Ängste und seiner alten Einsamkeit zu fallen, suchte er immer wieder die Sicherheit von mindestens zwei gleichzeitigen Beziehungen. Der Aufwand, den er dafür treiben musste, war hoch und er spürte selbst, dass das so nicht alles richtig sein konnte.

Trotzdem aber war seine unterschwellige Sehnsucht, die ihm im nahen Kontakt zu anderen Männern immer wieder hoch kam, so schmerzlich und groß, dass er nicht glaubte, sie aushalten zu können. Wenn er sich verliebte, dabei weich wurde und sein Herz öffnete, kam der ganze alte Schmerz aus seinem Inneren immer wieder stärker hoch als das Glücksgefühl der Liebe. Das Lieben wurde ihm so nicht zur Freude. Zunehmend verweigerte er sich deshalb trotz aller Liebessehnsucht der Liebe. Er blieb lieber kalt und stieß Menschen, die sich ihm liebevoll nähern wollten, immer wieder von sich weg.

18.
Zwei Mütter sind eine zu viel

Auf dem Land gab und gibt es manchmal noch merkwürdige Gebräuche: Eine Mutter, die 1949 ihr fünftes Kind auf dem Bauernhof zur Welt gebracht hatte, gab dieses Kind, einen Sohn, sofort nach der Geburt ihrer kinderlosen Schwester ab.

Sie mag dabei nicht nur empfunden haben, dass sie mit vier Kindern schon genug hätte, sondern auch von der alten Vorstellung bestimmt worden sein, dass nachgeborene Jungen oft nur als die Deppen und Knechte ihres ältesten Bruders auf dem Bauernhof ein Unterkommen finden. Zudem war das Kind ein Geschenk an die Schwester und da die mit ihrem Mann im Nachbarort einen Hof besaß, schien auch das Kind mit der Aussicht auf ein existenzsicherndes Erbe einen Vorteil zu haben.

Eine solche Praxis scheint im ländlichen Niedersachsen damals nichts Außergewöhnliches gewesen zu sein.

Ich lernte dieses Kind kennen, als es 47 Jahre alt war. Der Mann, der mir gegenüber saß, war Führungskraft in einem Großkonzern, wirkte schüchtern, leise und introvertiert.

In einer Meditationsübung ließ ich ihn Blicke hinter die äußere „Maske" seines Gesichts werfen:

In einem ersten Bild sah er sich als „gelassen und domestiziert".

Als ich ihn aufforderte, auch dieses Bild wie eine Maske abzunehmen und dahinter zu schauen, erlebte er sich als „jähzornig, kleinlich und abhängig von Anerkennung".

Dahinter wiederum sah er sich als jemanden, der sehr „geduldig sein und lange aushalten und abwarten kann".

Als er weiter nach innen blickte, entdeckte er sich dort als „einsam und auf der ständigen Suche nach Zuwendung und Anerkennung".

Erst dahinter sah er sich „als aus sich selbst heraus da seiend, als unabhängig und frei, sich zu entfalten".

Als wir über diese inneren Bilder, die in ihm aufgetaucht waren, sprachen, sagte er, genau das sei eigentlich immer sein Lebensgefühl: Ständig unruhig auf der Suche zu sein und nicht zu wissen, wonach eigentlich. Irgendwie nach Anerkennung und Zuwendung. Er erhalte in seiner Tätigkeit viel davon, aber es mache ihn nicht satt. Er brauche immer mehr davon und komme sich vor wie ein Fass ohne Boden.

Aufgrund seiner Vorgeschichte wurde deutlich, dass sein Suchimpuls zu der ihm von seiner leiblichen Mutter fehlenden Liebe, Zuwendung und Anerkennung passt.

Erfahrungsgemäß ist das, was in den ersten Lebensjahren, insbesondere im ersten, versäumt worden ist, nicht mehr nachholbar. Deshalb ist zu vermuten, dass er diesen Suchimpuls nicht vollständig loswerden wird, sondern mit ihm weiter leben muss. Indem er ihn allerdings versteht, muss er nicht zwanghaft weitersuchen, sondern kann sich immer wieder bewusst machen, woher dieser Impuls kommt, was er bedeutet, und dass er durch keinerlei Suche befriedigt werden kann. Hilfreich für ihn könnte es sein, wenn er die Adoption symbolisch und auch juristisch rückgängig machen, und sich wieder klar als Kind zu seiner Mutter stellen würde. Wenn Mutter und Kind getrennt werden, führt das fast immer zu erkennbaren lebenslänglichen Erschwernissen für das Kind.

Eine Adoption, so gut sie von allen Beteiligten gemeint sein mag, erweist sich meistens in ihren Folgen für das Kind als sehr problematisch. Sie scheint nur vertretbar, wenn die leiblichen Eltern tot sind, oder wenn nach einer Güterabwägung der unvermeidbare Schaden einer Adoption deutlich geringer zu werden verspricht, als das Verbleiben bei beispielsweise kriminellen oder schwer suchtkranken Eltern.

19.
Den Atem verschlagen

Hans Kästner hatte seit seinem sechsten Lebensjahr eine Allergie, die zwar nicht immer, aber wenn, dann vornehmlich im Sommer ausbrach. Sie war zuerst ausgebrochen, als er mit seiner Mutter seine ersten Schulferien im Wochenendhaus der Familie im Hunsrück verbracht hatte. Sein Großvater hatte dort schon vor vielen Jahren eine Jagdhütte inmitten der schönsten Natur errichten lassen. Den Eltern von Hans war es unverständlich, wie ein Stadtkind aus dem Ruhrgebiet in solch einer herrlichen Natur plötzlich krank werden konnte. Bei den jährlichen Urlauben in der Hütte wiederholte sich die Allergie und der Junge wurde über viele Jahre mit mehr oder weniger großem Erfolg ärztlich behandelt. Zuhause trat die Allergie fast gar nicht oder allenfalls nur ganz leicht auf.

Das Häuschen im Hunsrück lag so idyllisch, dass Hans sich nach seinem Abitur um einen Studienplatz in erreichbarer Nähe von diesem Häuschen bemühte und auch einen bekam. Er nahm die Entfernung von etwa 90 Kilometern bis zu seiner Universität gern mehrfach wöchentlich in Kauf, um vier Jahre lang in diesem Häuschen zu wohnen.

In dieser ganzen Zeit hatte er heftig mit seiner Allergie zu tun. Sie steigerte sich zeitweise bis zu schwerer Atemnot, so dass er nachts sogar mehrmals den Notarzt rufen musste. Es ging ihm gar nicht gut. Die Allergie weitete sich von den Jahreszeiten her aus, so dass er schließlich ganzjährig davon betroffen war. Nach vielen Versuchen gelang es dann, ihn so mit Medikamenten „einzustellen“, dass er bei regelmäßiger Einnahme erträglich leben konnte.

Überraschenderweise trat die Allergie nicht mehr auf, nachdem er seine erste Arbeitsstelle angetreten und sämtliche Medikamente abgesetzt hatte.

Sieben Jahre später fuhr er wieder einmal auf das Feriengrundstück in den Hunsrück. Das alte Haus war zwischenzeitlich abgerissen worden und durch ein neues ersetzt. Er hatte seine schwangere Frau dabei und sie wollten dort zur Vorbereitung auf die Geburt Ruhe und Erholung finden. Bei ihm trat sofort wieder die alte Allergie auf und auch seiner Frau ging es von Anfang an nicht gut in diesem Haus. Ein späterer Urlaubsversuch mit ihrem ungefähr ein Jahr alten Kind scheiterte ebenfalls. Auch dem Kind ging es nicht gut dort. Nach drei Tagen reisten sie wieder ab.

Hans Kästner war nicht wegen der Allergie zu mir gekommen und insofern kamen wir im Verlauf unseres Gespräches erst über einen großen Bogen dahin. Da aber körperliche Symptome stets als Signal auf seelische Verstrickungen hindeuten, nutzte ich auch diesen Zugang und fragte nach. Nach einigem Hin und Her kam Folgendes zutage:

1944, fünfzehn Jahre vor Hans Kästners Geburt, war seine Mutter mit ihrer Mutter vor den Bombenangriffen auf das Ruhrgebiet in dieses Haus in den Hunsrück geflüchtet. Dort hatte sie, während ihr Mann nach der Schlacht um Stalingrad schon in russischer Gefangenschaft war, ihr erstes Kind geboren. Als es drei Monate alt war, starb es in jenem Haus. Ursache waren Mangelernährung, Schwäche und eine hinzukommende Infektion. Trotzdem machte sich die Mutter ihr Leben lang Vorwürfe, dass sie es nicht geschafft hatte, besser für ihr erstes Kind zu sorgen. In dieses Kind hinein hatte sie zugleich den Schmerz um ihren ein Jahr zuvor in Russland gefallenen Bruder gelegt, von dem es heißt, sie habe ihn abgöttisch geliebt. Er hatte Heinz geheißen, und so hatte sie diesen Namen auch ihrem ersten Kind gegeben.

Von diesem ersten Kind seiner Mutter erfuhr Hans Kästner erst, als er bereits erwachsen war. Der Schmerz darum so wie um den gefallenen Bruder seiner Mutter war in der Familie zu seiner Lebenszeit nie ein Thema gewesen. Er war offenbar verdrängt worden.

Der sechsjährige Hans scheint aber schon bei seinem ersten Besuch in jenem Haus „gewittert" zu haben, dass dort etwas nicht stimmte. Die alten Schrecknisse, die seiner Mutter noch in Seele und Gliedern saßen und die ihr bei jedem Besuch in diesem Ferienhaus unvermeidlich wieder vor Augen treten mussten, ließen seinen Atem stocken. Seine Atembeklemmung spiegelte die Beklemmung, die seine Mutter jedesmal empfand, wenn sie dieses Haus erneut betrat. Seine Atemnot war Ausdruck der Not jener Tage.

Nicht einmal Abbruch und Neubau des Hauses konnten die Familie von diesem Trauma erlösen. Der „genius loci" - oder „der Schrecken jener Tage" - lastete wie ein Fluch auf diesem Platz. Hans' Mutter blieb zeitlebens depressiv und starb an Lymphdrüsenkrebs.

Was in meinem Gespräch mit Hans Kästner zunächst noch eine Hypothese war, bekam dann durch ein Parallelsymptom, das ihm einfiel, eine zusätzliche und überraschende Bestätigung:

Hans Kästner fiel ein, dass er auch in einem anderen Haus, wo er verschiedentlich bei Freunden seiner Eltern zu Gast gewesen war, immer wieder Allergieanfälle bekommen hatte. Er hatte sie auf Hunde- oder Katzenhaare zurückgeführt. Jetzt aber fiel ihm auf, dass sich in diesem Haus vor vielen Jahren eine entfernte Verwandte mit ihrem kleinen Kind vergast hatte.

Seine Allergie war also ausdrücklich vor allem in zwei Häusern aufgetreten, in denen vor vielen Jahren Kinder gestorben waren. Er hatte gewissermaßen einen instinktiven Widerstand, sich dort länger aufzuhalten. Wenn seine Nase künftig wieder heftig allergisch reagiert, kann er vermuten, dass er sich wieder an einem durch tragische Umstände vorbelasteten Ort befindet.

20.
Schwindel

Es gibt Ereignisse, die kann man vermeintlich schwer zugeben. Es gibt Taten, für die man von den meisten Zeitgenossen verurteilt werden wird. Man wird sie deshalb lieber verschweigen und muss dann alleine damit fertig werden. So ging es auch dieser Frau, von der dieser Bericht handelt:

Die Nationalsozialisten hatten in den 30er Jahren in Deutschland zur Züchtung reinrassiger arischer Menschen die Aktion „Lebensborn“ gegründet. Ausgewählte junge deutsche Frauen wurden dabei mit ausgewählten Männern, vor allem mit Angehörigen der SS zusammengeführt.

Die Eltern von Marianne Schiffer waren überzeugte Nationalsozialisten. Ihr Vater war Mitglied der Partei und der SS. Vor ihrer BdM-Führerin (BdM = nationalsozialistischer Bund deutscher Mädchen) und mit Gutheißung ihrer Eltern erklärte sie sich 17-jährig bereit, bei der Aktion „Lebensborn“ mitzumachen und „ein Kind für den Führer“ zu gebären. Sie wurde schwanger und bekam ihr Kind in einer nationalsozialistischen „Ordensburg“ und war dort dann mit ihrem Kind während der ersten fünf Jahre interniert. Danach wurde das Kind auf eine nationalsozialistische Führerschule gegeben und die junge Frau wurde wieder nach Hause geschickt.

Der Kontakt mit dem Kind riss ab und erst mehrere Jahre nach Kriegsende gelang es ihr, den Aufenthaltsort ihres Sohnes ausfindig zu machen. Das Kind war bei Pflegeeltern einigermaßen gut untergebracht.

Es hätte für die Mutter nach dem Krieg eine kaum vorstellbare Schande bedeutet, ihre Teilnahme an der Aktion „Lebensborn" zuzugeben. Sie war außerdem gerade frisch verheiratet und so blieben Mutter und Kind getrennt. Das Kind schien ein vertuschungsbedürftiger Schandfleck im Leben der jungen Frau zu sein und so wurde weiter nicht darüber gesprochen.

Die Ehe der Frau blieb kinderlos. Nach etwa weiteren 20 Jahren machte sie doch wieder einmal einen Versuch, mit ihrem Sohn Kontakt aufzunehmen, aber die beiden fanden nicht recht zueinander und nach einem mehrmonatigen Versuch brachen sie den Kontakt zueinander wieder ab.

Wieder vergingen viele Jahre und die Frau führte ein normales Leben. Sie war berufstätig, ging in den Ruhestand und schwieg weiter über ihr Kind, um das sie litt. Als ich, der von Dritten von diesem Kind gehört hatte, sie darauf ansprach, antwortete sie ausweichend. Es war ihr sichtlich unangenehm darüber zu sprechen, aber gleichzeitig kamen ihr Tränen und sie räumte ein, dass das alles für sie sehr schmerzlich und schrecklich sei.

Seit mehreren Jahren litt sie bereits unter einer Krankheit, die ärztlicherseits als „Dauerschwindel" diagnostiziert war. Diese Krankheit drückte sich in einer dauerhaften Störung ihres Gleichgewichtssinns aus und darin, dass ihr Gehirn die von ihren Augen aufgenommenen beiden Bilder nicht mehr zu einem Bild zu verarbeiten bereit war. Sie sah also immer alles doppelt.

Mir schien die dauerhafte Verleugnung ihres Verhaltens in der Nazizeit und ihres Kindes durch das Symptom eines „Dauerschwindels“ passend ausgedrückt. Auch das Symptom, die Welt doppelt zu sehen, passt zu ihrer Situation: Sie bringt ihr inneres Empfinden und ihre äußere Darstellung nicht zusammen.

Als mir jemand anderes erzählte, seine Frau leide zunehmend unter Schwindelanfällen, erzählte ich ihm die Geschichte dieser mittlerweile alten Dame. Ich fragte, welchen Schwindel es im Leben seiner Frau wohl geben möge. Nach kurzem Überlegen räumte er ein, es gebe da einen unehelichen Sohn des Vaters seiner Frau, also einen Halbbruder seiner Frau, der in der Familie ebenfalls verleugnet werde, und zu dem kein Kontakt bestehe.

Als ich daraufhin einige Zeit später mit der Frau ihren Familienhintergrund durchleuchtete, zeigte sich, dass der Vater nicht nur einen vorehelichen Sohn hatte, zu dem er seit dessen Geburt keinen Kontakt mehr hatte, sondern dass dessen Mutter mit diesem Sohn damals nach der Trennung nach Australien ausgewandert und kurz darauf verstorben war. Dort war das Kind bei Pflegeeltern aufgewachsen.

Der Vater hatte in Deutschland eine andere Frau geheiratet und mit dieser Frau ein weiteres Kind. Die Frau starb im Kindbett und das Kind blieb als Zangengeburt schwer behindert, bis es mit 22 Jahren starb. Es wurde vor der Öffentlichkeit gewissermaßen verleugnet, indem es zwar im Elternhaus aufwuchs, aber nicht einmal zu einem Spaziergang aus dem Haus kam. Der Vater heiratete nach ein paar Jahren die Haushälterin, die er nach dem Tod seiner ersten Frau für sich und das Kind engagiert hatte und bekam mit ihr dann die Tochter, die mir als erwachsene Frau gegenüber saß.

In die Liste der verdrängten und verleugneten Personen mussten also aufgenommen werden:
- die Freundin des Vaters, mit
- dem ersten Kind,
- die erste Ehefrau des Vaters
- das behinderte Kind.

Seitens der Mutter meiner Gesprächpartnerin ist zu erwähnen, dass sie als Freundin der ersten Frau vor allem auf ausdrückliches Geheiß ihres eigenen Vaters kurzfristig als Pflegerin für das behinderte Kind einsprang und aus dieser Situation in einer ländlichen Umgebung keinen Absprung mehr fand. Ihre Eheschließung war insofern für sie nur eine „Notlösung“ und auch sie musste dann zeitlebens verleugnen, dass sie in dieser Situation unglücklich war. Das gelang ihr nur sehr unvollkommen. An ihrer verbitterten und ihrem Mann gegenüber oft ungerecht giftigen Art wurde das deutlich.

So deutete das Symptom des Schwindels in beiden Fällen auf massive Verdrängungen hin und auf die Verleugnung von Personen, mit denen eine enge Blutsverbindung bestand.

21.
Suche nach einem Erfrorenen

Klaus P. ist 37 Jahre alt und beißt beim Sprechen die Zähne zusammen. Sein linkes Auge wirkt glanzlos und erloschen. Er hat einen auffälligen Rundrücken, geht leicht gebeugt und berichtet, dass er ständig auf der Suche sei. Er fühle sich oft ohnmächtig und habe daraus bedingt einen starken Aktionsdrang. Von Beruf ist er Unternehmensberater und in dieser Tätigkeit erfolgreich.

Ein erloschenes, manchmal auch schielendes Auge ist aus meiner Erfahrung häufig ein Hinweis dafür, dass ein Mensch mit einem Teil seiner Energie beziehungsweise seiner Aufmerksamkeit in einer anderen Dimension gebunden ist. Vielfach fehlt dann in seiner Vergangenheit ein wichtiges Familienmitglied. Auch der Aspekt des Auf-der-Suche-seins deutet daraufhin, dass eine wichtige Person in einer frühen vorbewussten Lebensphase abhanden gekommen ist und der Betreffende, ohne ein klares Ziel vor Augen zu haben, dennoch den Impuls des Suchens (nach diesem verlorenen Teil seiner Identität) in sich spürt.

In dieser Familie hatte die Mutter von Klaus P. mit Unterstützung ihrer Eltern seinen Vater verstoßen, als Klaus drei Jahre alt war. Er hatte ihn seitdem nicht mehr gesehen. Als er siebzehn war, erfuhr er, dass sein Vater als alkoholkranker und wohnungsloser Stadtstreicher auf einer Parkbank im Winter erfroren war. Über seinen Vater wurde in der Familie nicht gesprochen. Ein Versuch von Klaus' Schwester, mit der Mutter über den Vater zu sprechen, scheiterte, weil die Mutter sich weigerte.

Ein Ansatz für die Auflösung des Suchzwangs von Klaus P. kann darin liegen, dass er das verloren gegangene ursprüngliche Ziel seiner Suche, seinen Vater nämlich, wiederfindet und fest in seinem Leben, und das heißt auch in seinem Inneren, installiert. Das kann geschehen, indem er beginnt, seinen Vater zu würdigen. Was auch immer dieser Mann getan haben mag, dass er von seiner Frau verstoßen wurde, er verlor dadurch seine Partnerin und seinen Sohn. Dieser Verlust war für ihn offenbar so schwer, dass er ihn nicht glücklich bewältigen konnte. So steht aller möglichen Schuld des Vaters sein daraus folgendes Leid gegenüber. Wenn man dann bedenkt, dass sein Sohn nicht einmal seinen Namen kennt, noch sonst etwas über ihn weiß, so ist das für den Vater insgesamt wirklich ein sehr trauriges und ungerechtes Schicksal.

Als ich das in ähnlichen Worten seinem Sohn sagte, brach der in Tränen aus und spürte erstmals in seinem erwachsenen Leben ein tiefes Gefühl der Sehnsucht und Liebe zu seinem Vater. Mit großer Bewegung erzählte er mir von seinem eigenen Sohn, der erst eineinhalb Jahre alt ist und von seinem Schwiegervater, den er „Papa“ nennen durfte. Dabei kamen ihm erneut die Tränen. Er brauchte mir jetzt nicht mehr nur zu glauben, dass wir hier einen zentralen Schlüssel zum Verständnis seines permanenten Suchimpulses gefunden hatten, sondern konnte selbst spüren, wohin sein „unterirdischer Energiestrom“ strebte und nun zielgerichtet zu fließen begann: Zu seinem Papa.

Als Methode, um in Kontakt mit dieser Vaterenergie zu bleiben, empfahl ich ihm, ein Bild von seinem Vater zu malen, ihm Briefe zu schreiben und sich, wenn möglich, ein Foto von ihm zu besorgen. Außerdem riet ich ihm, mit seiner Mutter und eventuell noch vorhandenen Verwandten über seinen Vater zu sprechen und ihm in seinem Herzen einen heimatlich warmen Platz einzuräumen. Ich schlug ihm weiter vor, seinem Vater vielleicht ein Denkmal in Form einer kleinen Biographie, die er über ihn schreiben könne, zu setzen. All das könne ihn als Sohn näher zum Ziel seiner Suche führen und ihm eine entspanntere und gelassenere Lebenshaltung bescheren.

IV

Erste Unterstimme: (Cello)

Lebensmuster aus Familientraumata einer Vorgeneration

Die Erfahrung zeigt, dass manche Leute Probleme haben, die sich erst klären und lösen lassen, wenn man schwerwiegende Ereignisse in ihrer Familie, die bis zu drei Generationen zurück liegen können, mit in die Betrachtung einbezieht.

Grundgestimmtheiten von Eltern, die aus deren Kindheit stammen, können sich auf ihre Kinder übertragen. Wenn Kinder mit ihrer noch nicht gefestigten Identität in einem beispielsweise depressiven Umfeld aufwachsen, dann drücken die Altlasten der Eltern diesen formbaren Wesen ein fremdes Schicksal auf, das nicht das des Kindes ist und doch zu seinem werden kann. Wenn es sich um positive, lebensbejahende Einstellungen handelt, mag deren Übertragung erwünscht und förderlich sein. Handelt es sich aber um chronische Gefühle von Zerrissenheit, Trauer, Panik oder existenzieller Angst, so können die Folgen früherer Ereignisse verheerend nachwirken und spätere Schicksale bestimmen.

In diesem Kapitel berichte ich von Menschen, hinter deren Auffälligkeiten und Problemen solche unverarbeiteten Schicksale anderer Familienmitglieder erkennbar werden und wirken.

Eine Übertragung von Gefühlen einer früheren auf eine spätere Person geschieht in einem Familiensystem fast immer dann, wenn darin jemand durch tragisch dramatische Umstände ausgefallen ist und der damit für die anderen verbundene Schmerz nicht verarbeitet werden konnte sondern verdrängt wurde. Solche Umstände können sein: Vorzeitiger Tod durch Krankheit, Mord oder Selbstmord, Scheidung mit Kontaktabriß, Verstoßung etc.

Wenn ein entsprechendes Ereignis für alle oder einzelne Angehörige unverarbeitbar ist und es deshalb aus deren Bewusstsein verdrängt wird, übernimmt das Unterbewusstsein die Verarbeitung und besteht in vielen Fällen auf einer symbolischen oder analogen Repräsentanz der verdrängten Ereignisse. Symbolisch kann eine solche Repräsentanz zum Beispiel in Form von körperlichen Krankheitssymptomen geschehen, analog im Arrangement ähnlicher Schicksalskonstellationen bei späteren Familienmitgliedern, also durch Wiederholung. Das Schicksal des amerikanischen Kennedy-Klans, bei dem mittlerweile sechs Personen vorzeitig dramatisch durch Mord oder Flugzeugabsturz ums Leben kamen, ist ein Beispiel dafür.

Man kann sagen, dass ein verdrängtes Ereignis in einer Familie gewissermaßen wie ein Vakuum wirkt, aus dem sich ein rückwärts gerichteter Sog ergibt, in den andere Mitglieder des Familiensystems hineingeraten können.

Manchmal betrifft das dann nur eine Person, die stellvertretend für alle anderen den Schmerz und das Leiden der Familie austrägt. Das sind dann oft die sogenannten Versager oder die Schwarzen Schafe in der Familie, aber auch vielleicht die vergessene Tante im Kloster.

Andererseits habe ich aber auch in einer Sippe beobachtet, dass in jedem von fünf Zweigen in jeder von vier Generationen mindestens eine Person durch eine Rückbindung mit der das Trauma auslösenden ersten Person verbunden schien. Als allgemeine Indizien für eine solche Verstrickung gelten: Homosexualität, Unfruchtbarkeit, Eintritt ins Kloster, Selbstmord, Sucht, tödliche Unfälle und vorzeitiger, krankheitsbedingter Tod. Darüber hinaus spiegeln sich solche Zusammenhänge manchmal auch in gleichen oder ähnlichen Namen, gleichen Daten von Geburts- oder Sterbetagen oder auch ungewöhnlichen gleichen Körpermerkmalen.

Schicksalsverstrickungen in diesem Sinn finden vor allem dann statt, wenn Gefühle, die einer schrecklichen Situation angemessen wären, von den Beteiligten - aus welchen Gründen auch immer - nicht ausgelebt werden konnten und als Quantum angestauter Energie erhalten blieben. Wird es an andere Personen verschoben, so übernehmen diese häufig auch die damit verbundenen Gefühle, die dann gar nicht ihre eigenen sind und die zu einer gegenwärtigen Situation nicht zu passen scheinen. Gegenüber vielen normalen Therapieformen sind solche querlaufenden Gefühle dann ziemlich resistent, weil sie nicht aus der eigenen Biographie, die meist Gegenstand einer Therapie ist, sondern nur aus einem größeren Zusammenhang erklärt und verstanden werden können.

Negative Verstrickungen mit früheren Personen können Schicksale extrem prägen und kommen weitaus häufiger vor als allgemein bekannt ist. Früher hätte man vielleicht von einem „Familienfluch" gesprochen. Hier wird dagegen gezeigt, dass es sich um ganz reale Folgewirkungen von familiengeschichtlichen Ursachen handelt, die sich dem Unterbewusstsein als Muster eingeprägt haben und über mehrere Generationen das Schicksal von Menschen beeinflussen.

Die Auflösung einer Verstrickung mit dem Schicksal einer anderen Person kann auf folgende Weise gelingen:

1. Die Fehl-Identifikation mit einer früheren Person im Familiensystem muss aufgelöst werden.

2. Damit die aufgestaute Energie wieder in Fluss kommen kann, müssen die unausgelebten, verdrängten Gefühle wie Trauer, Wut oder Schmerz entdeckt, zugelassen und nachgeholt werden.

3. Der energetische Anschluss an die Situation vor dem traumatischen Schockereignis muss wiederhergestellt werden. Das kann vor allem dadurch geschehen, dass man vergessenen Personen im eigenen Herzen und im Familiensystem wieder den ihnen gebührenden Platz einräumt und sie mit ihrem tragischen Schicksal angemessen würdigt.

Die folgenden Berichte dieses Kapitels zeigen aus unterschiedlicher Perspektive Schicksale von Menschen, die erst durch das Einbeziehen von traumatischen Erlebnissen von Personen aus einer Vorgenerationen verständlich werden.

1.
Verdrängt und dennoch unvergesslich

In diesem Bericht geht es um Ereignisse, die den im 11. Bericht von Kapitel II mitgeteilten Schicksalen vorangegangen sind. Er handelt zunächst von dem Großvater von Josef M.

Als dieser Großvater, der ebenfalls Josef hieß, im Jahr 1880 eine Gertrud geheiratet hatte, galten beide als schönes und glückliches Paar. Ein Jahr später starb diese Gertrud zusammen mit ihrem ersten Kind fünf Tage nach der Geburt an Kindbettfieber.

Josef heiratete eineinhalb Jahre später erneut und seine zweite Frau hieß Beatrix. Ihre erste gemeinsame Tochter nannten sie Gertrud. Als diese 24 Jahre alt war, starb sie kurz nach der Geburt ihres ersten Kindes an Kindbettfieber. Es heißt, sie sei sehr verzweifelt gewesen und habe laut geschrien: „Nein, ich will nicht sterben!" Ihr Kind überlebte ein halbes Jahr, dann starb es auch. Ihr Name hatte ihr kein Glück gebracht.

Josef und Beatrix bekamen eine weitere Tochter. Sie nannten sie Bea. Bea bekam zwei Kinder, die sie nach den Eltern nannte: Josef, den Jungen, und Beatrix die Tochter.

Dieser Sohn Josef nun mit einer ihm zugehörigen weiblichen Person namens Beatrix (seiner Schwester) repräsentierte mit ihr die Ursprungsordnung seiner leiblichen Großeltern. Da darin aber eine Person, nämlich jene erste Frau Gertrud fehlte, erwuchs aus den unterbewussten Tiefen seiner Seele der Impuls, die ursprüngliche Ursprungsordnung der Familie, in der der Großvater mit einer Gertrud verheiratet war, wieder neu herzustellen. Und das tat er dann gleich doppelt: Erstens, indem er mit einer Gertrud ein voreheliches Kind zeugte, und zweitens, wie um noch mehr Nachdruck auf das Thema zu geben, heiratete er eine Traudel, mit der er dann vier Kinder hatte.

Er drückte also durch seine doppelte Wahl gewissermaßen aus, dass zu einem Josef außer einer Beatrix auch unbedingt und nicht zu vergessen noch eine Gertrud gehöre. Seine Traudel starb immerhin nicht im Kindbett, aber sie wurde als Ehefrau mit ihm nicht glücklich und es kam zwischen ihnen beiden zur ersten Scheidung, die es in der großen katholischen Familie je gegeben hatte. Es war ein Drama.

Einer der Söhne von Traudel und Josef verlobte sich wenige Jahre nach der Scheidung seiner Eltern mit einer Edeltrud, was 1978 ein ziemlich seltener Name war. Auch er drückte also wieder aus, dass eine „Edelgertrud" dauerhaft Bestandteil der Familie sein müsse. Nach der im Kindbett verstorbenen ersten Gertrud seines Urgroßvaters, nach einer im Kindbett verstorbenen Tochter seiner Urgroßeltern, nach einer mit ihrem Kind verleugneten Gertrud seines Vaters und nach seiner durch Scheidung abgetrennten Mutter Traudel bestand er darauf, dass auch in seiner Generation eine neue Verbindung mit einer Gertrud stattzufinden habe.

Wie aber um diese neueste Gertrud vor dem mit diesem Namen in seiner Familie verbundenen Leiden zu bewahren, starb in diesem Fall nicht sie sondern er, und zwar kurz vor der geplanten Hochzeit.

Es zieht sich hier also durch vier Generationen eine Schmerzens- und Leidensspur durch die Familie, die immer wieder um den Namen Gertrud kreist. Es ist leicht vorstellbar, dass durch die zweite Eheschließung des ersten Josef, die relativ kurz nach dem Tod der ersten Gertrud geschah, die Trauer um sie nicht abgeschlossen worden war und mit Rücksicht auf die neue, zweite Frau auch nicht fortgeführt wurde. So erzwang sich das Unterbewusstsein der Familie durch die Trauerfälle im Zusammenhang mit anderen Gertruden das Recht auf Trauer um die erste Gertrud.

2.
Namensnachklänge

Ziemlich umfangreich und fast unglaublich sind die „Namensspiele", die ich in meiner eigenen Familie und Schwiegerfamilie feststellen konnte. Ich will sie hier ebenfalls mitteilen. Vielleicht werden Sie als Leser dadurch angeregt, ihre eigene Familie einmal auf dort vorkommende Namensmuster zu durchforschen.

Der Vater meiner Frau hatte einen älteren Bruder *Karl*, der im Zweiten Weltkrieg fiel. Solche Personen werden, wie schon gezeigt, häufig in Familien durch spätere Mitglieder ersetzt. In dieser Familie sind die Namenszusammenhänge allerdings noch weitläufiger.

Der Vater meiner Frau hat drei Vornamen: *Heinz Johannes Paul*.

Außerdem hat meine Frau einen Bruder *Siegfried* gehabt, der fünf Jahre vor ihrer Geburt geboren wurde und mit einem Jahr starb.

Nun hat meine Frau in ihrem Leben bisher drei Partner gehabt:

Mit dem ersten war sie verheiratet, er hieß: *Karl-Heinz*. Er trug also den Namen des gefallenen Onkels und den ersten Vornamen des Vaters.

Mit dem zweiten hatte sie ihr erstes Kind, er hieß: *Manfred Johannes Siegfried*. Er trägt also an zweiter Stelle den zweiten Vornamen des Vaters und an dritter Stelle den des verstorbenen Bruders meiner Frau.

Mit mir als dem dritten ist sie verheiratet und hat zwei Kinder. Ich heiße *Winfried Peter Paul Josef.* Ich trage nun an dritter Stelle den dritten Vornamen des Vaters und heiße zwar nicht *Sieg-* aber *Win-fried,* worin immerhin eine Ähnlichkeit und Sinngleichheit liegt.

In meiner eigenen Familie gibt es nun überraschenderweise auch Namensparallelen zu diesen Namen aus der Familie meiner Frau:

Von zwei im Krieg gefallenen Cousins meiner Mutter hieß einer *Karl-Heinz* und meine beiden einzigen Onkels heißen *Johannes* und *Paul.*

Über die Namen hinaus gibt es auch mindestens ein weiteres bemerkenswertes Zeichen für eine tiefere Verbindung zwischen meiner Frau und ihrem verstorbenen Bruder: Meine Frau ist am 22. August geboren. Laut katholischem Namenstagskalender ist dieser Tag das Fest eines Heiligen *Siegfried.*

Hier begegnet neben den Namen noch ein Datum als Indiz für eine Verbundenheit. Auch das habe ich vielfach beobachtet. Im Bericht 10 in Kapitel II wurde bereits eine solche mehr als zufällige Übereinstimmung mitgeteilt, eine andere entält der Bericht 13 in Kapitel IV.

Zusammenhänge dieser Art habe ich, seitdem ich darauf achte und danach frage, mittlerweile häufig beobachtet. Sie finden größtenteils völlig unterbewusst statt und entziehen sich - wie das Geburtsdatum meiner Frau oder auch die ihr selbst lange nicht bekannten zweiten und dritten Vornamen ihrer Partner -

zum Teil vollständig und eindeutig bewusster Beeinflussung und Steuerung. Solche Beispiele zeigen die Macht, Weite und Größe des Unterbewusstseins sehr deutlich und vor allem seine ganzheitlich umfassende Vernetzung innerhalb eines Familiensystems über viele Generationen hinweg. Man kann vermuten, dass diese Vernetzung mindestens auch Freundschaften und berufliche Beziehungen mit umfasst, und dass das meiste, was einem gelegentlich als zufällige Duplizitäten begegnet, nur die Gipfel eines unterseeischen Gebirges sind, die auf eine Verbindung tief auf dem Grund des Meeres beziehungsweise auf dem Grund der Seele oder des Unterbewusstseins hindeuten. Letztlich sind alle Inseln der Erde im Grunde miteinander verbunden, so auch die Seelen der einzelnen Menschen.

Was unmöglich und deshalb gefährlich zu sein scheint, ist, Menschen - egal ob lebend oder tot, gut oder böse - aus dieser Verbundenheit und Gemeinschaft auszuschließen. Es nutzt nichts, eine gefährliche Klippe, die schon Schiffe zum Zerschellen gebracht hat - und sei es noch so lange her - von den Landkarten zu löschen. Im Gegenteil: Gerade sie bedürfen besonderer Aufmerksamkeit, damit von ihnen nicht neues Unheil ausgeht. Genau so ist es mit Menschen, die Leid verursacht haben oder denen Leid geschehen ist. Durch Verdrängen, Ausschließen, Enterben oder Totschweigen entsteht kein Heil. Eine Familie bleibt auch mit ihren schwarzen Schafen und mit ihren notleidenden Mitgliedern fest verbunden und leidet deren Schmerzen mit. Wenn das freiwillig und tröstend durch liebevolle Anteilnahme und ehrendes Gedenken geschieht, kann Leid gelindert werden und sich auflösen. Wenn eine Familie diese Anteilnahme hingegen aus egal welchen Gründen unterläßt oder verweigert, wird sie durch dann unterbewusste Zwänge an altes Unheil gebunden bleiben und dessen Strukturen reproduzieren.

Das ist eine Sinnebene alter Sagen, in denen von den von „umgehenden“ Seelen unglücklich Verstorbener erzählt wird, die anderen als „Gespenster“ (oder „Hirngespinste“ - siehe dazu auch die Berichte 11 und 12 in Kapitel II -) erscheinen können.

Solch „gespenstisches“ Nachwirken von verdrängten Personen kann über mehrere Generationen innerhalb einer Familie stattfinden.

3.
Familiengeheimnis

Warum macht sich ein bisher schon überdurchschnittlich erfolgreicher junger Mann, der seit Jahren davon träumt, beruflich selbständig zu sein, nicht selbständig? Im Abstand von mehreren Jahren sprach er mit mir über diesen seinen Traum, aber trotz bester Konzepte und Voraussetzungen traute sich nicht, ihn in die Tat umzusetzen. Er habe Angst. Gewiss, ein Risiko ist dabei, aber er hatte schon einen potentiellen Partner, er hatte Ersparnisse, er hatte sogar schon Anfragen von Kunden und verfügte über ein größeres Potential an Kontakten, die er hätte aktivieren können. Da seine Freundin berufstätig war, hätte er sogar im schlimmsten Fall von deren Einkünften mitleben können. Trotz all dieser günstigen Umstände schaffte er über Jahre hinweg nicht den Sprung, der für ihn doch nur ein kleiner zu sein schien. Er verstand sich selber nicht.

Ich fragte ihn, worauf er diese Angst möglicherweise zurückführen könne. Er erzählte daraufhin, dass sein Großvater sich zwei Jahre vor seiner Geburt das Leben genommen hatte. Die Familie hatte nie davon gesprochen, zufällig hatte er es einmal gehört und da hatte es geheißen, der Großvater habe die Schulden für sein Häuschen nicht bezahlen können. Dabei war der Großvater Beamter gewesen und das Haus war ziemlich klein. Bei näherer Betrachtung erschien die Geschichte unglaubwürdig. Nachdem der Großvater tot war, hatte sein Sohn, der im selben Haus wohnte und es dann übernahm, die Schulden sogar allein bezahlen können. Ob mit oder ohne Großvater, am Geld kann es nicht gelegen haben.

Trotzdem war die Sorge um die Sicherheit des Einkommens das tragende Motiv für jenen jungen Mann geworden. Er hatte sich viele kritische Kommentare gegenüber seinem Chef verkniffen, aus Angst, seine Sicherheit zu verlieren. Er hatte viele Jobs und Projekte übernommen, hinter denen er persönlich gar nicht stehen konnte, und tat sie doch. Er hatte Angst zu widersprechen, Angst sich zu wehren, Angst, seinen eigenen Weg zu gehen.

Doch da war mehr Angst als nur durch eine beiläufige Bemerkung über den Großvater ausgelöst worden sein konnte. Da war auch der Vater, der in den vierziger und fünfziger Jahren in einer familiären Atmosphäre aufgewachsen war, die von Kriegsangst, finanzieller Enge, der Unentrinnbarkeit einer kleinen Beamtenkarriere und ehelicher Zerwürfnisse geprägt gewesen war. Der Vater sei schon immer depressiv veranlagt gewesen. Der Großvater vermutlich auch schon. Was mag es da für den Vater bedeutet haben, als er mit zwanzig Jahren die Leiche seines Vaters im elterlichen Schlafzimmer fand? Depression und Schock. Der Vater verdrängte seine panischen Gefühle und sprach niemals über das, was er dabei erlebt und empfunden hatte. Aber er lebte mit der Frau, die er zwei Jahre später heiratete, weiter in seinem Elternhaus und schlief mit ihr in jenem Zimmer. In diesem Haus wuchs auch sein Sohn auf.

Wie soll ein depressiver, geschockter Vater mit verkapselten Horrorgefühlen einen entspannten, selbstsicheren Sohn hervorbringen können? Da kann auch eine Mutter kein Wunder vollbringen. Wie kann ein Mann mit seiner Frau fünfundzwanzig Jahre sein Schlafzimmer in dem Raum haben, in dem sein Vater sich erhängt hat? Wie soll er da entspannte Liebesgefühle entwickeln können? Muss er da nicht ein Meister des Verdrängens sein? Und wie soll sein Sohn dann den Bereich von Gefühlen entwickeln, den er bei seinem Vater nie erlebt hat? Gefühle zum Vater, Liebe zum Vater. In der Tat beschrieb der Sohn sein Verhältnis zum Vater als „ohne Gefühle". Ebenso „gefühlsneutral" war seine Beziehung zu seinem Chef. Er spürte oft gar nicht, was ihm alles zugemutet wurde. Er konnte nicht wütend werden und sich wehren. Er hielt still wie ein verschrecktes Kaninchen.

Dann stellte er seinen Vater zur Rede. Er ging mit ihm in das Schlafzimmer und ließ sich alles erzählen. Er fragte ihn, was der Tod seines Vaters für ihn bedeutet habe, wie er den Schock erlebt habe und wie seine Kindheit gewesen sei. Zuerst versuchte der Vater auszuweichen. Sein mittlerweile erwachsener Sohn aber drängte ihn behutsam, doch davon zu erzählen, und schließlich berichtete der Vater unter Tränen.

Von den Ängsten und Unsicherheiten des Sohnes fiel schon in dieser Stunde eine spürbar erleichternde Menge ab. Indem er seinen in Schweigen eingekapselten Großvater entdeckte und aus der Vergessenheit befreite, fand er ein Stück mehr zu seiner Familienidentität und damit näher zur Vollständigkeit seiner persönlichen Kraft.

4.
Verklemmte Gefühle

Ein Vorgesetzter schickte einen jungen Mitarbeiter zu mir und deutete mir an, er wisse nicht mehr mit diesem jungen Menschen weiter. Er arbeite korrekt, aber im Umgang mit anderen Menschen sei er so verklemmt, dass es nichts mit ihm in der Firma werden könne. Man überlege schon, dem jungen Mann zu kündigen, wolle ihm aber vorher noch eine Chance geben. Dabei möge ich versuchen zu helfen. Erklärtes Ziel sei es, den Mitarbeiter zu unterstützen, sich anderen Menschen gegenüber entspannter zu öffnen.

Als ich diesen jungen Mann nun bei einer Sitzung kennenlernte, die für drei Stunden angesetzt war, saß mir die lächelnde Schüchternkeit in Person gegenüber. Jede Frage beantwortete er mit allerkürzesten Sätzen und die sanftesten Nachfragen beantwortete er mit einem unsicheren: „Ich weiß nicht, was ich noch dazu sagen soll." Es war tatsächlich extrem schwierig mit ihm und ich konnte mir vorstellen, dass sein Chef mit ihm schier verzweifelte. Immerhin räumte er ein, dass er oft in Gesprächsrunden dabei sitze und das Gefühl habe, er wolle etwas sagen. Er wisse dann aber nicht was und empfinde, dass er doch etwas sagen müsse, weil die anderen es von ihm erwarteten. Er fühlte sich immerhin selbst nicht wohl in seiner Haut und saß mir insofern mit einem Anliegen und einer Frage gegenüber. Trotzdem versiegte das Gespräch nach einer Viertelstunde nahezu. Dass ein Vorgesetzter im Berufsalltag einem solchen Mitarbeiter gegenüber hilflos und ratlos gegenüberstehen musste, konnte ich gut verstehen.

Für einen Zweiundzwanzigjährigen war dieses Verhalten extrem abnormal und ich ging zu einer systematischen Abfrage über: Gab es in seinem eigenen Leben traumatische Erlebnisse? Nein, da war nichts aufzufinden. Ich traute seinen Auskünften zwar nicht besonders, aber es war auch nichts aus ihm herauszuholen. Doch dann tauchte eine Spur auf: Er beschrieb seine Mutter als ähnlich verschlossen wie sich selbst. Ich folgte dieser Spur. Wenn er in seiner psychischen Struktur eine Kopie seiner Mutter war, konnte die Prägung bei ihr stattgefunden haben. Was war da passiert? Zutage kam die folgende Geschichte:

Die Mutter hatte zwei Zwillingsgeschwister gehabt. In den Notzeiten kurz nach dem Zweiten Weltkrieg waren beide im Alter von ungefähr zwei Jahren innerhalb von zehn Monaten gestorben. Zu der Zeit war ihr Vater noch in russischer Gefangenschaft in Sibirien und niemand wusste, ob er je wieder lebendig nach Hause kommen würde.

Die Mutter des jungen Mannes, der vor mir saß, hatte diese Situation im Alter von fünf bis sechs Jahren miterlebt. Dem Tod der Geschwister war zweimal eine Zeit des Kampfes um deren Leben vorangegangen und beide Male war der Kampf verloren gegangen. Der verlorene Krieg und der verlorene Vater kamen hinzu. Dazu kann man nichts mehr sagen. Da hält man dann den Mund. Da steckt einem der Schmerz und die Verzweiflung wie ein Kloß im Hals. Da steckt man dann seine Gefühle lieber weg.

Was den jungen Mann betraf, wechselte ich nun das Medium. Ich ließ ihn sich niederlegen und die Augen schließen und führte ihn in einer Entspannungsübung mit inneren Bildern zu einem Spiegel, in dem er hinter seinem Gesicht, das er wie eine Maske abnehmen sollte, die Chance hatte, ein anderes Bild seiner selbst zu entdecken. Was ihm dabei begegnete war ein ängstliches und schrecklich verletzliches kleines Kind. Das war ein Teil von ihm selbst, der einem Teil des inneren Ichs seiner Mutter entsprach. Die hatte als Kind vermutlich empfunden: 'Ich bin klein und schwach wie meine Geschwister und kann jederzeit sterben wie sie, oder 'unsere Familie ist schwach und wir können alle jederzeit sterben'. Der Hintergrund des Krieges, der Gefangenschaft und des Hungers waren real. Die Todesangst hatte damals ihre echte Rechtfertigung und war durchaus angemessen. Sie war dann allerdings in Form einer unangemessenen Verlängerung oder Übertragung zum Grundmuster im Leben der Mutter und in weiterer Verlängerung im Leben ihres Sohnes geworden. Er verhielt sich wie jemand, der sich vor Panik kaum zu bewegen, geschweige denn zu sprechen getraut.

Da der Sohn sich nun wegen der offenkundigen Unangemessenheit seines Verhaltens auch noch selber ablehnte, wie weitere Äußerungen von ihm zeigten, verstärkte das seine Blokkade zusätzlich und er konnte sich in seiner Haut schier gar nicht mehr fühlen und erst recht nicht äußern.

Ein Weg der Aufarbeitung kann für ihn in einer ausführlichen Beschäftigung mit der emotionalen Situation seiner Familie in der Nachkriegszeit bestehen. Wenn er zwischen seinen eigenen Gefühlen und den damaligen Empfindungen seiner Mutter unterscheiden lernt, könnte eine Lösung seiner Mutteridentifikation und eine neue eigene Identitätsbildung gelingen. Dabei hätte er die Chance, seine eigene Kraft und Überlebensfähigkeit wahrzunehmen und gewissermaßen aus der seit damals anhaltenden Betäubung zu erwachen.

5.
Sehnsucht

Ein anderes Mal saß mir ein 32-jähriger junger Mann mit traurig treuen Hundeaugen und einem ruhigen, aber sehr intensivem Blickkontakt gegenüber und berichtete, er fühle sich in seinem eigentlich sehr erfolgreichen Berufsleben doch ständig unzufrieden und sei immer auf der Suche nach neuen Ufern. Es gebe eigentlich nichts, worüber er sich zu beklagen habe, aber er empfinde nicht sein Glück, ja er fühle sich sogar oft unsinniger Weise einsam.

Alles das waren für mich wieder Indizien, die darauf hindeuteten, dass in seiner Vergangenheit eine wichtige Person im Familiensystem ausgefallen war. Ich fragte ihn danach und so war es. Sein Vater hatte sich das Leben genommen, als er elf Jahre alt war. Gründe dafür waren meinem Gesprächspartner nicht bekannt, wohl aber fiel ihm ein, dass der Vater seines Vaters sich ebenfalls das Leben genommen hatte. Es wurde also ein älteres Muster deutlich, gemäß dem der Vater seinem Vater auf dessen Weg gefolgt war. Der mir gegenüber sitzende junge Mann war auch schon so weit in seinem miserablen Lebensgefühl, dass - vielleicht erst in zehn oder zwanzig Jahren - ein Selbstmord aus diesem Gefühl oder aus dem Überdruss daran hätte resultieren können.

Eine Lösung kann nicht in Betäubung von negativen Gefühlen durch Ablenkung in Arbeit, Vergnügungen oder Drogen liegen, sondern darin, sich den verborgenen inneren Gefühlen zu stellen. Eine Möglichkeit dafür war es in diesem Fall, sich den Vater und den Großvater als äußere Gesprächspartner vorzustellen und mit ihnen in einen Dialog einzutreten: „Wie konntet Ihr das tun? Habt Ihr nicht bedacht, was Ihr anderen, auch mir, damit an Leid und Schmerz zugefügt habt!? Das hättet Ihr nicht tun dürfen!" und: „Papa, ich kann verstehen, dass Du Dir das Leben genommen hast, wenn es Dir schlecht ging. Du hast ja auch keinen Vater gehabt, ich weiß ja, wie schwer das ist." etc.

Je ausführlicher solche Dialoge mündlich oder schriftlich am Grab oder einem Foto gegenüber geführt werden, desto mehr kann man sich innerlich von alten Schmerzen lösen. Wichtig ist schließlich am Ende eines solchen Prozesses, der mindestens ein paar Monate lang praktiziert werden sollte, sich klar vom Schicksal der Alten zu verabschieden: „Das war Euer Schicksal und ich lasse es bei Euch. Ich habe damit nichts zu tun und nehme mein eigenes Schicksal und gehe meinen eigenen Weg."

6.
Vaterverlust

Welche Bedeutung einem fehlenden Vater zukommt, zeigen auch dieser und die folgenden Berichte.

Vor mir daß eine kleine, zarte, hübsche, traurig und unsicher schauende junge Frau. Sie war aufwendig geschminkt und trug eine Bluse mit weißem Pelzkragen, eckigen Silberschmuck und rote glatte Haare. Sie berichtete mir von heftigen Konflikten mit ihrem Chef und erwähnte, dass der ihrem Vater ähnlich sehe.

Nach dem ersten Eindruck, den Anette M. auf mich machte, vermutete ich, dass sie schon eine Reihe von negativen Erfahrungen mit Männern gemacht habe, zur Zeit aber einen zärtlich zugewandten Mann gefunden hatte. Ihr besonderes Bemühen um Gefallen deutete mir darauf hin, dass ihr der Vater gefehlt habe.

Als ich ihr das sagte, hielt sie mich fast für einen Wahrsager und konnte alles bestätigen.

Folgendes war vorgefallen: Ihre Eltern hatten sich scheiden lassen, als sie zwölf war. Danach war ihr Vater ungefähr 15 Jahre nicht mehr aufgetaucht. Als der Kontakt wieder hergestellt wurde, war der Vater schwer kranker Alkoholiker.

Zunächst könnte man vermuten, dass ihn die Trennung umgeworfen habe. Von seinem Vater und seinen Brüdern ist aber bekannt, dass sie ebenfalls Alkoholiker waren beziehungsweise sind. Insofern war eine weitere, ältere Ursache zu vermuten, die dieser ganzen väterlichen Familienseite einen „Knacks“ verpasst hatte. Darüber hatte Anette M. allerdings keine Information.

Die Ärzte hatten zum Zeitpunkt der neuen Kontaktaufnahme Anette M.s Vater bereits aufgegeben. Sie bemühte sich sehr um ihn und verbrachte täglich mehrere Stunden bei ihm im Krankenhaus. Als die von Leberzirrhose bereits fast völlig außer Funktion gesetzte Leber dann wieder zu arbeiten begann, sagte der Arzt, er habe keine Erklärung dafür und könne das nur auf die Kraft zurückführen, die sie als Tochter ihrem Vater zugeführt habe. Sieben Jahre blieb der daraufhin trocken. Er zog in dieser Zeit mit seiner Schwester zusammen und führte ein zufriedenes Leben. Als diese dann aber plötzlich nach sechs Jahren wieder auszog, begann er erneut zu trinken.

Sein altes Trauma war also nicht so stark, dass es nicht durch eine einigermaßen glückliche Ehezeit, durch die Beziehung zu seiner Tochter im Krankenhaus oder durch das Zusammenleben mit seiner Schwester ausbalanciert werden konnte. Sobald ein solches Gegengewicht aber fehlte - und weder der Tochter noch der Schwester ist eine lebenslängliche Betreuung des Vaters, die die Aufgabe ihres eigenen Lebens bedeuten würde, zumutbar - stürzte er wieder ab in Gefühle, die er mit Alkohol betäuben zu müssen glaubte.

Mittlerweile ist sein Gesundheitszustand sehr schlecht und es sieht so aus, als würde er nicht mehr lange leben. So folgt er dem Vorbild seines Vaters und seiner Brüder.

Eine Lösung für den Vater hätte in einer Herausarbeitung seiner alten schmerzlichen Gefühle bestehen müssen. Für eine ausführliche therapeutische Bearbeitung ist es mittlerweile zu spät. Eine symbolische Form wäre aber auch im Endstadium seiner Leidensgeschichte vielleicht noch vorstellbar.

Eine Lösung für Anette M. mit ihrem überstarken Bemühen um Gefallen und Aufmerksamkeit könnte darin bestehen, in der Beziehung mit ihrem Vater (selbst nach dessen Tod) noch einmal alle vorhandenen Gefühle auf den Tisch zu bringen. Erst die schlechten und dann die guten. Verletzte Liebesgefühle liegen meistens hinter den negativen Gefühlen von Hass, Wut oder Zorn verborgen. Sie könnte damit die Würdigung vollziehen, die in dieser Beziehung bisher gefehlt hat, und die es ihr auch unmöglich gemacht hat, von ihrem Vater irgendetwas anzunehmen. Ihr Vater, so wie er ist, ist ihr einziger Vater. Schließlich muss sie ihren Vater seinen Weg der Nachfolge gegenüber seinem Vater gehen lassen. Sie darf seinen Alkoholismus auf einer Betrachtungsebene auch als einen Akt der Solidarität und der Liebe eines Sohnes zu seinem Vater betrachten. Sie darf in dieser Hinsicht das, was ist und wie es ist, in Liebe anerkennen.

Sie könnte damit einen Prozess der Lösung aus ihrer Verstrikkung mit dem Vater erleben.

Was den Konflikt mit ihrem Chef betrifft, so ist der aus dem Konflikt mit ihrem Vater verständlich. In ihrem Empfinden ist ihr Chef der Vertreter ihres Vaters. Und wenn der nicht die unerfüllten kindlichen Bedürfnisse der „Tochter“ erfüllt, ist diese böse auf ihn und wirft ihm Vernachlässigung vor. In Wirklichkeit aber ist ihr Chef nicht ihr Vater und hat insofern keinen Grund, ihr besondere Aufmerksamkeit zu schenken. Ihre Verletztheit über dessen angebliche Kälte und Verweigerungshaltung gilt in Wirklichkeit nicht ihm sondern allein ihrem Vater. Erst wenn sie das erkennt, wird sie ihren Chef aus der ihm von ihr zugewiesenen Rolle als Stellvertreter ihres Vaters entlassen können und ein harmonischeres Arbeitsverhältnis mit ihm finden.

7.
Der ermordete Großvater

Die Körperhaltung des 35-jährigen Rechtsanwalts, der zu mir gekommen war, wirkte für sein Alter sehr gebeugt und seine Schultern waren stark nach vorn zusammengezogen. Ihn kennzeichnete außerdem eine schwache Stimme und ein sanftes, ängstliches Lächeln.

Das waren keine Ergebnisse aus den letzten fünf Jahren, darin drückte sich eine ältere Lebenshaltung aus, die seit Jahrzehnten zu seinem Wesen gehören musste. Er sah so aus, als würde in ihm eine alte Traurigkeit wirken, die ihn schon als kleines Kind so geschwächt und bedrückt hatte, dass er sich nicht richtig aufrichten konnte.

Auf meine entsprechend gezielte Frage berichtete er Folgendes: Seine Großmutter war Dienstmädchen bei einem Industriellen gewesen und wurde von ihm schwanger. Daraufhin wollte der Industrielle sich von seiner Frau trennen und mit ihr zusammenleben. Wenige Tage, nachdem er das seiner Frau mitgeteilt hatte, erschoss die ihn mit einer Pistole. Das schwangere Dienstmädchen verlor dadurch Freund und Arbeitsstelle und musste sich zum Lebensunterhalt eine neue Arbeit suchen. Ihr Kind gab sie zur Adoption weg. - Es ist erstaunlich, mit wie wenigen Worten die Grundzüge eines Schicksalsweges oft zusammengefasst werden können. -

Die Großmutter sprach nie mehr von ihrer Beziehung zu dem Industriellen und blieb alleinstehend. Immerhin riss der Kontakt zu ihrer Tochter nicht vollständig ab und sie wurde ihrem Enkel, als der 20 Jahre alt war, erstmals als „Tante“

vorgestellt.

Wundert es noch, dass der Enkel als erster nachfolgender Mann in der Familie Rechtsanwalt wurde? Dass er als Enkel einer Frau, der das Recht auf ihre Liebe, ihr Kind und ihr Enkelkind genommen worden war, es sich zur Lebensaufgabe machte, für das Recht anderer Leute einzutreten? Dass er als Sohn einer Frau, der man das Recht auf ihre Mutter und ihren Vater vorenthalten hatte, Ankläger von Schuldigen und Verteidiger von Unschuldigen werden wollte? Dass er, dem man das Recht auf eine Oma und einen Opa vorenthalten hatte, die Rechte studierte?

Diese Vorgeschichte war eine naheliegende und einleuchtende Motivation für seine Berufswahl. Bisher handelte es sich allerdings nur um eine unterbewusste Motivation. Bisher hatte insofern das Leiden überwogen und ihn niedergedrückt. Indem jetzt durch dieses Gespräch eine bewusste Einstellung daraus wurde, konnte er ab jetzt mit echtem Stolz und aus Solidarität mit seiner Mutter, seiner Großmutter und deren Geliebtem, der sein Großvater war, Anwalt der Rechte sein und sich mit neuem Selbstbewusstsein zu ganzer Größe aufrichten. Tatsächlich berichtete er bei unserer nächsten Begegnung von einem neuen, freudvolleren Lebensgefühl.

8.
Unehelich und verlassen

Drei Tage lang konnte ich während eines Seminars einen 33-jährigen dicken kleinen Mann beobachten. Meist saß er mit etwas schief gelegtem Kopf und zugespitztem Mund da und blickte ziemlich traurig. Meine Hypothese war: Auch da fehlt jemand im Familiensystem.

Als ich ihn darauf ansprach erfuhr ich folgende Vorgeschichte von ihm:

Er war ein uneheliches Kind und hatte seinen Vater nie kennengelernt. Wegen der Schande ihrer Tochter hatten seine gut katholischen und vermögenden Großeltern, die zu den Honoratioren der Kleinstadt gehörten, diese verstoßen. Erst nach ein paar Jahren nahmen sie sie wieder auf. Die Großeltern hatten eine Firma. Ein paar Jahre nach der Rückkehr ihrer Tochter setzte sich der Geschäftsführer der großelternlichen Firma mit dem Firmenkapital ab und die Firma musste geschlossen werden. Wegen dieser Schande nahmen sich beide Großeltern das Leben. Die Mutter gab daraufhin ihren Sohn zu Pflegeeltern, um für ihren Lebensunterhalt arbeiten gehen zu können. Für einige Jahre hatten Mutter und Sohn während dieser Zeit keinen Kontakt.

Als der Sohn zu mir kam, hatte er wieder Kontakt zu seiner Mutter. Über seinem Vater wusste er gar nichts, nicht einmal, ob er noch lebte. Grund für kraftlose Traurigkeit gab es also genug.

Ich schlug ihm vor allem vor, nach seinem Vater zu suchen

und Kontakt mit ihm aufzunehmen. Darin liegt für ihn die Chance, Anschluss an seine Wurzeln zu bekommen und daraus Mut und Kraft für die Überwindung seiner Traurigkeit zu gewinnen.

9.
Fehler im Rückgrat des Systems

Ein Vater berichtete mir von seiner Tochter, die mit zehn Jahren sehr schwer erkrankt war, und von der die Ärzte zunächst vermutet hatten, sie habe Leukämie. Nach zwei Monaten stellte sich aber heraus, dass sie eine schwere Rückenmarkentzündung hatte, bei der zwei Bandscheiben durch Vereiterung zerstört worden waren.

Wenn man nicht einen zufälligen Defekt annehmen will, was ja eigentlich immer nur Ausdruck eines Erklärungsnotstandes ist, sondern auch psychische Komponenten mit in die Betrachtung einbezieht, muss man vermuten, dass sich in dieser schweren Erkrankung etwas ausdrückt, was von dramatisch schmerzvoller Gewalt gewesen sein muss.

Die Hintergrundgeschichte leuchtet nach allen bisherigen Berichten auf erschreckende Weise ein:

Während der Schwangerschaft mit diesem Mädchen war ein Bruder der Mutter tödlich verunglückt, zwei Jahre später, während der nächsten Schwangerschaft der Mutter, starb ein weiterer Bruder der Mutter an Krebs. Der Tod der beiden Brüder brachte, wie es scheint, die ganze Großfamilie aus der Bahn. In den beiden Jahren nach dem Tod des zweiten Bruders wechselten alle anderen sieben Geschwister entweder den Beruf, die Stelle, den Partner oder die Wohnung.

Obwohl sie sich mit ihren Brüdern sehr eng verbunden gefühlt hatte, hatte die werdende Mutter während ihrer Schwangerschaft versucht, die Trauer von sich fern zu halten. Sie hatte auch an den Ereignissen keinen äußerlich erkennbaren Schaden genommen. Sie hatte dem Schock, der ihre Familie so durcheinander gerüttelt hatte, also scheinbar standgehalten.

In Wirklichkeit aber scheint ihr der Schock mit seiner Wucht so tief unter die Haut gegangen zu sein, dass er das Kind in ihr bis ins Mark traf. Die beiden zereiterten Wirbel drücken aus, dass zwei im Rückgrat des Systems Halt gebende Elemente fehlen. Der unbewusste Schmerz der Mutter manifestierte sich so im Körper des Kindes.

Die Vorgeschichte zum Tod der beiden Brüder wiederum war, dass das erste Kind von deren Eltern, das Johannes hieß, im ersten Lebensjahr gestorben war. Einem der beiden später im jungen Erwachsenenalter gestorbenen Brüder hatten die Eltern ersatzweise für ihr gestorbenes erstes Kind ebenfalls den Namen Johannes gegeben. Wir haben schon gesehen, dass solche Namensgebungen gefährlich sein können. Der geriet dadurch offenkundig in eine Identifikation mit seinem verstorbenen Bruder und folgte ihm durch einen frühzeitigen Tod nach. Er hatte gewissermaßen schon als Kind das Muster: „Als Johannes stirbt man früh“ eingeatmet.

Ihm bzw. ihnen beiden folgte dann der dritte Bruder. Die Mutter (= Schwester) bekam nach dessen Tod eine besondere Form der Diabetes. Der Vater dieser Kinder war zwei Jahre nach seinem dritten verstorbenen Sohn so wie der an Krebs gestorben.

Um nun dem zehnjährigen Mädchen aus seiner Klemme, nämlich, den Schmerz der Mutter mitbekommen zu haben und ihn austragen zu müssen, heraus zu helfen, ist es wichtig, dass die verstorbenen Familienmitglieder nicht als verdrängte Seelenschmerzen in der Seele des Kindes spuken, sondern dass sie als äußere Gestalten, denen man sich annähern und von denen man sich entfernen kann, im Bewusstsein der Familie existieren. In anderen Kulturen werden in diesem Sinne ausführliche Ahnenkulte gepflegt und in jedem Haus gibt es dort eine Ecke für die Geister der Verstorbenen. Mit ihnen kann man sprechen, sie ehren und notfalls sogar mit ihnen streiten oder schimpfen.

Gerade Kindern gegenüber ist es besonders notwendig, über vorzeitig Verstorbene zu sprechen und ihre Gräber gelegentlich zu besuchen. Die Verstorbenen bleiben damit Realitäten in der Außenwelt und brauchen sich nicht erst unterschwellig und destruktiv ihren Platz in der kindlichen Seele zu ertrotzen.

10.
Matrosen sind nirgendwo

Beata. Sie ist eine filigrane, elfenhafte, leicht schwebende junge Frau. Es scheint eine erdverbindende und kraftspendende Wurzel im Leben dieser Frau zu fehlen.

Ihr Vater hatte sich in den ersten drei Lebensjahren Beatas von deren Mutter getrennt und heiratete seine Sekretärin. Er kümmerte sich nicht weiter um seine alte Familie mit zwei Kindern. Auch als die beiden Töchter ihn später einmal im Alter von 13 und 17 Jahren besuchten, zeigte er kein Interesse. Als Beata 30 Jahre alt war, hatte er sich mit einem Wohnmobil und seiner dritten Frau in Amerika auf Tour begeben und sie wusste keine Adresse mehr von ihm.

Beatas Mutter hatte einige Jahre später wieder geheiratet und sowohl ein Bruder des Vaters als auch eine Schwester der Mutter mit ihrem Mann, der Beatas Patenonkel war, hatten der Familie intensiv beigestanden. Vor allem der Patenonkel spielte eine gewisse Vaterersatzrolle und wirkte als unterstützender Mentor.

Die Töchter studierten Kunstgeschichte und Geologie. Beide beschäftigen sich also mit Schichten der Vergangenheit. Ihre Orientierung nach Rückwärts wird daran sichtbar.

Zusätzlich wird die Wiederholung eines weiteren alten Musters deutlich:

Der Vater des Vaters war in dessen Kindheit ebenfalls abwesend. Er war Matrose gewesen und hatte seine schwangere

Freundin nicht geheiratet. Beatas Vater hatte sich gewissermaßen ebenfalls eine Matrosenmentalität angeeignet, die besonders ausdrücklich in seiner späteren, viele Jahre erträumten, Lebensweise im Wohnmobil deutlich wurde. Beatas Mutter wurde Alkoholikerin und trug auf diese Weise ihren unbewältigten und verdrängten Schmerz um die Missachtung durch ihren ehemaligen Freund und die Trennung vom Vater ihrer Kinder aus.

Für eine Auflösung ist auch in diesem Szenario eine Kontaktaufnahme mit dem Vater sinnvoll und dessen Konfrontation mit den emotionalen Spuren, die er hinter sich gelassen hat.

11. Verachtet

Kathrinchen Müller, eine Metzgerstochter aus der Eifel, war im Jahre 1907 an einen wohlsituierten Uhrmacher in Koblenz verheiratet worden. Ihr erstes Kind war ein properes Mädchen, das zum Sonnenschein und zum Glück der Familie wurde. Das zweite Mädchen, das sie gebar, geriet hingegen so winzig, dass Kathrinchen empfand, ein solch mickriges Wesen sei ihrer nicht würdig. So behandelte sie ihre Zweitgeborene fortan stiefmütterlich. Das ältere Mädchen wurde herausgeputzt, das jüngere dagegen wurde völlig unscheinbar gekleidet. Das ältere Kind wurde entsprechend bewundert, das jüngere verlacht. Das ältere stand im Mittelpunkt, über das jüngere wurden abfällige Bemerkungen gemacht. Sogar am Essen wurde bei der Kleinen noch gespart. Sie bekam keine Butter sondern nur Margarine. Die ältere Tochter erlernte einen Beruf, die jüngere blieb zu Hause sitzen. Die Ältere machte eine gute Partie und heiratete, die Jüngere blieb wiederum zu Hause sitzen. Sie durfte nichts, sie konnte nichts, sie war nichts.

Als sie 35 war und ihr Vater starb, lebte sie noch zu Hause. Mit 39 empfing sie ein uneheliches Kind. Während ihrer Schwangerschaft wurde sie von ihrer katholischen Familie ausgestoßen. Kurz nachdem sie das Kind bekommen hatte, starb auch ihre Mutter. Das war 1952. Da das Geschäftshaus der Eltern im Krieg zerstört worden war, gab es auch nichts zu erben. Während ihre ältere Schwester durch ihren Mann versorgt war, hatte sie außer ihrem kleinen unehelichen Kind nichts. Sie musste einen Antrag auf Sozialhilfe stellen, die ihr gewährt wurde.

Niemand hatte sie je anerkannt. Als ein Mann einmal den Anschein machte, sie anzuerkennen, hatte ihre Sehnsucht sie dazu getrieben, darauf einzugehen. Wiederum war sie sitzen gelassen und verstoßen worden.

Genauso wenig wie sie selbst anerkannt worden war, wurde nun ihr Sohn anerkannt. Als unehelich wurde er im stock-katholischen Koblenz so geächtet, dass er im Gottesdienst, wenn seine Klassenkameraden in den ersten Bänken saßen, von Pfarrer und Lehrer in die letzte Kirchenbank geschickt wurde. Gleiches galt in der Schule: Er musste in der letzten Bank sitzen. Als nach dem vierten Schuljahr die meisten seiner Mitschüler zum Gymnasium wechselten, kamen weder ein Lehrer noch seine Mutter auf die Idee, dass auch er zum Gymnasium gehen könne. Alle behandelten ihn als eine zu missachtende Randfigur.

Als ihr Sohn mit 17 anfing, sich für Mädchen zu interessieren und nicht mehr regelmäßig zum Abendessen nach Hause kam, löste das bei seiner Mutter einen depressiven Schub aus. Schließlich entzog ihr Sohn ihr seine Anerkennung und gab sie anderen Frauen. Niemand hatte sie je anerkannt, jetzt wandte sich sogar ihr Kind ab! In einer Kurzschlussreaktion warf sie ihn von zu Hause hinaus. Da er bereits erkannt hatte, dass seine Mutter depressiv war, schlich er alle zwei Tage um das Haus, in dem sie wohnte und wollte überprüfen, ob bei ihr alles in Ordnung sei. Das schien so. Aber während er ohne ihr Wissen mit einer Freundin in Urlaub fuhr, nahm sich seine Mutter mittels Tabletten das Leben.

So wie er seiner Mutter die Anerkennung entzogen zu haben schien, als er sich für Mädchen zu interessieren begann, so hatte sie ihm ihre Anerkennung entzogen, als sie ihn herauswarf. Erst recht entzog ihm nun seine Mutter jede Anerkennung, indem sie sich das Leben nahm und ihn mit Schuldgefühlen zurückließ.

Als seine Freundin nach drei Jahren die Beziehung mit ihm abbrach, bedeutete das für ihn ebenfalls einen Anerkennungsentzug. Da war es auch für ihn so weit, dass er sich selbst den Rest von Anerkennung entzog und sich das Leben zu nehmen versuchte. Beinahe wäre es ihm gelungen, doch er wurde noch rechtzeitig gefunden und gerettet. Eine mehrmonatige Psychotherapie stabilisierte ihn.

Dann begann er, sich systematisch die Anerkennung zu suchen, die er zu brauchen glaubte. Er stürzte sich in Beruf und Karriere. Dabei sprang er in wenigen Jahren erstaunlich hoch. Sein Erfolg sollte alle diejenigen aus seiner Verwandtschaft und Umgebung, die zuerst seine Mutter und dann ihn gering geschätzt hatten, zwingen, ihm Anerkennung zu geben. Der Effekt war allerdings gering.

Seit er mit 40 Jahren an der Spitze eines Unternehmens stand und ein Weiterkommen nach oben nicht mehr möglich war, ging es für ihn darum, seinen Platz in einem enger und härter werdenden Markt zu verteidigen. Dabei war nun nicht mehr viel zusätzliche Anerkennung zu gewinnen und schon ging bei ihm die alte Panik und ein neuer Marathon um neue Anerkennung wieder los.

Was seine Großmutter an seiner Mutter versäumt hatte, und seine Mutter an ihm, trug er für sein Leben als doppelte und dreifache Last mit sich herum. Aus diesem geprägten Verhaltensmuster konnte es für ihn keine Ruhe und Zufriedenheit geben. Seine Chance liegt in einer tiefer greifenden therapeutischen Aufarbeitung seiner Vergangenheit und der seiner Familie.

12.
Ersatzkind

Klara, das einzige Kind ihrer Eltern, starb überraschend mit sieben Jahren. Die Eltern waren untröstlich und versuchten so schnell wie möglich ein neues Kind zu zeugen. Das gelang. Theresa wuchs heran, hatte Ähnlichkeit mit ihrer verstorbenen Schwester und wurde ständig mit ihr verglichen. Die Ansprüche der Eltern waren hoch und immer wieder hieß es: "Also Klara hat das in deinem Alter schon gekonnt", oder: "Klara ist nie so ungezogen gewesen wie du." Immer wieder wurde ihr vor Augen geführt, dass sie ihre Existenz schließlich nur dem Tod ihrer Schwester zu verdanken hatte und mit dieser nicht mithalten konnte. Klara war schöner, klüger, höflicher, zuvorkommender - für Theresa ein unerreichbares Ideal. Im Nest ihrer Kindheit wurde es deshalb niemals so richtig warm. Nicht sie wurde eigentlich geliebt, sondern Klara in ihr. Da sie aber niemals Klara sein konnte, war ihre ganze Kindheit und Jugend ein ständiges Versagen. Mit einem freundlichen Gesicht und äußerster Zuvorkommenheit bemühte sie sich zwar, ihre Eltern zufriedenzustellen und hoffte dafür geliebt zu werden, aber sie konnte nicht verhindern, dass ihre Eltern immer wieder Klara in ihr suchten und vermissten.

Auch als erwachsene Frau blieb Theresa freundlich, zuvorkommend und höflich, aber viele ihrer Bekannten und Freunde hielten sie für zu anhänglich. Wenn man ihr den kleinen Finger reichte, konnte es leicht geschehen, dass sie die ganze Hand oder den ganzen Arm ergriff. Manchmal fühlten sich ihre Freunde von ihr ausgenutzt. Ihre Bitten um Gefälligkeiten nahmen kein Ende, und weil sie immer nett und freundlich bat, fiel es schwer, ihr etwas abzuschlagen. Da sie in ihrer Kindheit nie satt und genug an Zuwendung bekommen hatte, glich sie einem Fass ohne Boden, das nicht zu füllen war, und versuchte ständig bei anderen Zuwendung zu erschleichen.

Mit 45 Jahren erkrankte sie an Krebs. Während dieser Krankheitsphase erkannten ihre Bekannten und Freunde sie nicht mehr wieder: Die sonst so freundliche und höfliche Frau war plötzlich wie verwandelt: Sie war böse und giftig geworden. Sie zeigte keine Dankbarkeit mehr sondern stieß alle von sich weg.

Jetzt bekamen alle Menschen ihrer Umgebung von dem Hass, der Wut und der Enttäuschung darüber mit, dass sie insbesondere von ihren Eltern nicht erhalten hatte, was sie gebraucht hätte.

Mit zerstörerischer Gewalt brachen diese über Jahrzehnte angestauten und zurückgehaltenen Gefühle nun plötzlich offen aus und zeigten sich nach außen gegenüber anderen Menschen als Aggressivität und nach innen als tödlich verzehrender Krebs. Im Verlauf von eineinhalb Jahren starb sie daran.

13.
Im Sog

Während der letzte Bericht von der Ersetzung eines verstorbenen Kindes durch ein nachgeborenes Geschwister handelte, soll hier geschildert werden, wie ein vorzeitig verstorbenes Kind sogar durch mehrere nachfolgende Generationen in einer Familie ersetzt wurde.

Der Familientherapeut Bert Hellinger schreibt in seinem Buch „Ordnungen der Liebe", dass eins der schlimmsten Traumata in einer Familie der Tod einer Frau im Kindbett sei. Er führt aus, dass dann in der unterbewussten Phantasie der Familie der Vater, der seine Frau geschwängert hat, als Mörder erscheint, und dass nach seinen Beobachtungen in solchen Familien immer ein nachgeborenes Kind früh stirbt oder sich das Leben nimmt. An der Stelle, wo dieses Kind dann ausfällt, entstehe ein Sog, der spätere Familienmitglieder als Stellvertreter für dieses Kind an diesen Platz zurücksauge.

Ähnliche Konstellationen wurden hier schon beschrieben. Rückwärts gerichtete Stellvertreterschaft kann sich nach Einschätzung von Bert Hellinger auf verschiedene Weise ausdrücken: in frühem Tod durch Krankheit, durch Selbstmord, durch Homosexualität, durch Eintritt in ein Kloster oder auch durch Unfruchtbarkeit.

Diese „Instruktion" von Bert Hellinger half mir, im folgendem Zusammenhang wirkungsvoll zu einer funktionierenden Lösung für ein altes Familienproblem beizutragen.

Das Problem in der Familie bestand darin, dass zwischen einem Mann, der mein Gesprächspartner war, und seiner Mutter seit Jahrzehnten eine konfliktträchtige Spannung bestand, die trotz aller ernsthaften beidseitigen Versuche, sie abzubauen, nicht überwindbar schien. Beim Durchleuchten des familiengeschichtlichen Hintergrundes kam folgende Geschichte zutage:

In der Familie war 1885 eine Frau im Kindbett gestorben. Der Mann heiratete wieder und ein Sohn aus dieser zweiten Ehe namens Nikolaus, starb am 7. 2. 1896 mit sieben Jahren an Krebs. Der Verlust dieses kleinen Sonnenscheins war für die Familie eine Tragödie. Seine Mutter, so wird berichtet, hätte noch in ihrem hohen Alter täglich von ihrem kleinen Nikolaus geredet. Der Vater starb am 7. 2. 1926, also auf den Tag genau dreißig Jahre nach dem Tod seines kleinen Lieblings.

Als nun am 9. 2. 1928 ein erster kleiner Enkel im Haus der Großmutter geboren wurde, nahm die ihn gewissermaßen als Ersatz für ihren kleinen Nikolaus in Beschlag. Seine Mutter verlor ihn dadurch emotional an ihre Schwiegermutter. Er hingegen konnte durch die Rückbindung nicht vorwärts leben und wählte aus den von Hellinger erwähnten Möglichkeiten, die, katholischer Priester zu werden. Seine Mutter dagegen entschädigte sich wiederum Jahre später am Sohn ihrer Tochter, den sie sich gewissermaßen als Sohn adoptierte. Sie sprach ihn im ersten Versuch meistens „versehentlich“ mit dem Namen ihres Sohnes an und verwöhnte und verpäppelte ihn, wenn er bei ihr war. Auch er war als Stellvertreter im Sog des kleinen Nikolaus und wurde insofern rückwärts gezogen. Es passt dazu, dass auch er katholischer Priester werden wollte.

Er war derjenige, der die konfliktträchtigen Spannungen mit

seiner Mutter hatte. Es wunderte mich nicht mehr, dass diese Spannungen nicht mit normalen Konfliktbearbeitungsmethoden zu lösen gewesen waren. Sie waren nicht inhaltlich begründet, sondern strukturell. Er grollte gewissermaßen seiner Mutter dafür, dass sie ihn an ihre Mutter abgetreten hatte, und sie grollte ihm dafür, dass er sich von ihr abgewandt und an ihre Mutter angeschlossen hatte. Die Lösung war einfach und wirkte sofort: Er ordnete sich seiner Mutter, zu deren Bruder er durch die Verschiebung geworden war, wieder innerlich als Kind unter. Ohne, dass darüber gesprochen worden wäre, spürte die Mutter das intuitiv und die Spannung war von einem Tag auf den anderen dauerhaft aufgelöst.

Bei einer Betrachtung der gesamten, von den Urgroßeltern abstammenden Familie zeigte sich, dass auch mehrere andere Personen anderer Familienzweige in den von jenem Nikolaus ausgehenden rückwärts gerichteten Sog hineingeraten waren: Eine Frau hatte nur (rückwärts gerichtete) Beziehungen mit Männern, die eine Generation älter waren als sie und blieb kinderlos; ein Mann, der den Namen des Vaters von Nikolaus trug, war homosexuell, und in der zweiten Generation nach Nikolaus hieß in sechs von 20 Familienzweigen ein Mitglied Nikolaus, Klaus, Nicole oder Nicola. Außerdem tauchte das Geburtstags- und Sterbedatum des ersten Nikolaus 13 mal (plus/minus einen Tag) als Geburts- Hochzeits- oder Sterbedatum bei anderen Mitgliedern der Familie auf. In 20 Familienzweigen tauchte also 19 mal eine Erinnerung an Nikolaus auf.

Es war in diesem Sinne festzustellen, dass die Spuren der Tragödie um Nikolaus und die erste Frau seines Vaters über hundert Jahre lang in der Familie zu verfolgen waren. Weitere Indizien könnten zusätzlich in einem Zusammenhang mit dieser Geschichte stehen, sie lassen sich aber nicht eindeutig genug damit verbinden, um sie hier aufzuführen.

Die Erkenntnis aus diesem weit in die Vergangenheit ausholenden Bericht ist vor allem, dass manche Gegenwartsprobleme - wie der Dauerkonflikt zwischen Sohn und Mutter - lösbar werden, wenn man die Struktur dieser Beziehung erkennen und dann ändern kann. Damit das gelingt, muss man gegebenenfalls weit in die Vergangenheit ausholen und sich dabei auch von scheinbar kleinen Indizien führen lassen. Dass die Großmutter den Namen ihres Enkels immer wieder mit dem ihres Sohnes verwechselte, war eben kein „Zufall" sondern Ausdruck einer tiefer liegenden unbewussten Beziehungsstruktur.

14.
Hilflose Angst

Anna, eine 36-jährige Frau hatte bereits zwei Fehlgeburten gehabt. Dies war ihre dritte Schwangerschaft und sollte der letzte Versuch sein, Mutter zu werden und der Familie einen Stammhalter oder eine Stammhalterin zu bescheren. Alles schien wieder kompliziert und die ohnehin schon überängstliche Familie, vor allem Annas Vater, hatte wieder einmal gute Gründe, in heller Aufregung und großer Sorge zu sein.

Der Vater von Annas Vater war ganz anders als sein Sohn gewesen. Er war ein lustiger Vogel und eher etwas draufgängerisch gewesen. Auch seine Frau, Annas Großmutter, war eine lebenslustige Person gewesen, vielleicht etwas zurückhaltender als ihr Mann. Ihr Sohn wuchs als Einzelkind und einziger männlicher Nachkomme einer großen Verwandtschaft zwar gut behütet auf und wurde verwöhnt, aber das war eigentlich noch kein Grund für seine zaghafte, ängstliche Natur.

Als er kurz nach dem Ende des Zweiten Weltkrieges in das Alter kam, sich einen Beruf wählen zu müssen, machte er sich mit seinem Vater, der vor dem Krieg Kleinunternehmer mit Produktion und Großhandel gewesen war, als freier Handelsvertreter selbständig. Die Anfänge wirkten vielversprechend. Zwei Jahre lang fuhren sie noch gemeinsam zu Kunden, dann setzte sich der Vater zur Ruhe. Für den Sohn wurde das zu einem bösen Erwachen. Als er allein hätte losfahren müssen, stellte er fest, dass er sich allein nicht traute. Er hatte Angst vor dem, was ihm unterwegs passieren könnte, er hatte Angst, fremde Menschen anzusprechen und fühlte sich einsam, wenn er alleine war. Da er noch bei seinen Eltern wohnte, lag es nahe, dass seine Mutter, eine redegewandte Frau, ihm zur Hilfe kam und mit ihm fuhr.

Über zehn Jahre lang reiste er von da ab mit seiner Mutter, Übernachtungen im Doppelzimmer inbegriffen. Als er heiratete, blieb er mit seiner Frau im Hause seiner Eltern wohnen. Als seine Mutter nicht mehr ständig mitreisen konnte, nahm er seine Frau stattdessen als Begleiterin mit. Ihre beiden Kinder hütete dann die Oma.

Solange seine Mutter mitgefahren war, blühte das Geschäft. Zusammen mit seiner Frau hielt er es am Laufen, aber es stagnierte. Die Angst schlich sich ein, dass es schrumpfen könne.

So wenig Vertrauen wie er zu sich selbst hatte, hatte er auch in die Stabilität der Währung. Er versuchte deshalb, sein Geld wertbeständiger anzulegen: Er investierte in Briefmarken, Orientteppiche, Ölgemälde und stapelte diese Dinge in einem großen Raum ihres kleinen Hauses. Die Folge war, dass die Angst vor Einbruch, Diebstahl und Raubüberfall in der Familie wuchs. Das Haus durfte nicht mehr unbewacht bleiben. Seine Eltern starben als die Kinder 10 und 14 Jahre alt waren. Seitdem konnte die Familie nie mehr gemeinsam in Urlaub fahren. Seitdem fuhr jeweils nacheinander ein Elternteil mit einem Kind zusammen in Urlaub.

Der kleine neurotische "Wachhund" der Familie kränkelte ständig. Geliebt, wie er war, bebte, bangte und zitterte die Familie permanent um seine Gesundheit, bis er dann in hohem Hundealter endlich doch starb. Annas Vater kränkelte ebenfalls. Er hatte undefinierbare Leiden, die kein Arzt so recht diagnostizieren konnte. So rätselten verschiedene Ärzte hin und her und fanden in seinen Symptomen genügend Verdachtsmomente für gefährliche und lebensbedrohliche Krankheiten. So konnte sich die Angst in der Familie als dauerhafter Gast einnisten. Annas Vater saugte all diese Schrecklichkeiten in sich hinein und litt mit seiner Familie wochenlang daran, bis sich herausgestellte, dass er die befürchtete Krankheit doch nicht hatte.

Gleichzeitig waren aber seine mit ihm zu Ärzten reisenden Familienmitglieder vorsorglich mituntersucht worden, so dass sich auch bei denen genügend Verdachtsmomente auf schwere Krankheiten fanden, um die Familie über Jahre hinweg von Diagnose zu Diagnose umeinander bangen zu lassen. Im Bekanntenkreis war es schon sprichwörtlich, dass Annas Vater auf die Frage, wie es ihm gehe, fast immer antwortete: "Ach, nicht gut, es ist schon wieder dies oder jenes passiert und wir fürchten noch Schlimmeres."

Die Kinder wurden älter, fast erwachsen, und je weniger Annas Mutter mit auf Handelsreise gehen wollte, desto öfter sprangen Anna und ihr Bruder ein. Der Sohn chauffierte den Vater, die Tochter begleitete ihn. Die dauernden Sorgen, Ängste und Nöte schweißten die Familie so eng zusammen, dass Annas Bruder mit 46 Jahren noch bei seinen Eltern lebte, ohne je eine Freundin gehabt zu haben.

Anna hatte seit ihrem 25. Lebensjahr einen Freund. Der kam allerdings nur als Gast der gesamten Familie zu Abendessen, Kartenspiel oder Fernsehabend zu Besuch. Das tat er zehn Jahre lang. Schließlich heiratete Anna ihn doch. Immerhin hatte er sich so in die Familienverhältnisse hineingelebt, dass er kein außenstehender Fremder mehr war. Er kannte die „Spiele“ der Familie und war offenbar bereit, sie einigermaßen mit zu spielen.

Anna, die immerhin zu ihrem Mann gezogen war, zog sich dadurch ein wenig aus den alten Familienmustern heraus. Aber kurz nach deren Fortgang brach ihre Mutter sich nacheinander den Arm, den Oberschenkelhals und ein Fußgelenk, sodass Anna sich trotz eigener Berufstätigkeit, eigenem Haushalt und der Beziehung zu ihrem Mann verpflichtet fühlte, immer wieder einzuspringen, wenn Vater und Bruder gerade gemeinsam auf einer Geschäftsreise waren. Der Vater fuhr nicht mehr viel in eigenen Geschäften, aber häufig begleitete er nun seinen Sohn auf dessen Dienststreisen durch ganz Deutschland. Übernachtungen eingeschlossen. In diesen Nächten blieb Anna bei ihrer Mutter. Das waren etwa zwei Nächte pro Woche.

In diesem Szenario gingen die beiden ersten Schwangerschaften von Anna schief. Die dritte wurde mit äußerster Vorsichtigkeit durchgezogen und glückte dann auch, zumindest was sie und das Kind betraf.

Auffälligerweise bekam ihr Vater wenige Tage vor der Entbindung einen Blasen- und Prostatakrampf, der dazu führte, dass er nicht mehr Wasser lassen konnte. Mehrere Wochen im Krankenhaus mit chirurgischem Eingriff führten schließlich dazu, dass er mit einem Katheter und gelähmten Beinen nach Hause entlassen wurde. Dieser Zustand hält bis heute, vier Jahre danach, an. Er sitzt in einem Rollstuhl.

In dem Moment, wo seine Tochter ihr Kind loslassen musste, und damit selber die Gründung einer neuen, eigenen Familie vollzog, hätte er seine Tochter in deren eigenes Leben loslassen müssen. Sein Körper reagierte stattdessen mit krampfhaftem Festhalten. In dem Moment, wo seine Tochter ein eigenes Baby bekam, fiel er selbst in die Hilflosigkeit eines Babys, das nicht laufen kann und Windeln tragen muss, zurück. Als echter Pflegefall kettet er nun seine Frau und seinen Sohn endgültig an sich. So bestimmen Angst, Enge und Festhalten nicht nur sein Leben und Schicksal, sondern auch das seiner ganzen Familie.

15.
Komplizierte Beziehungen

Susanne D. wohnte in München und hatte zur Zeit einen Freund in Trier. Davor hatte sie einen Freund in Rom. Zuvor, als sie in Potsdam arbeitete, hatte sie einen Freund in Ulm gehabt. Zwei dieser Freunde waren während ihrer Beziehung noch verheiratet gewesen. In all ihren Beziehungen schien sie besonders viel Distanz zu brauchen und besondere Komplikationen anzuziehen. Um sich verlieben zu können, schienen für sie solche erschwerenden Umstände geradezu eine Voraussetzung zu sein.

Als ich sie danach befragte, wunderte sie sich zunächst, weil ihr das bisher nicht aufgefallen war. Sie räumte allerdings ein, dass sie auch schon in ihren Pubertätsphantasien immer wieder abenteuerliche Geschichten zusammenphantasiert hatte, wie sie unter ungeheuerlichen Umständen von ihrem Geliebten entführt oder gerettet würde, wie sie Gefahren bestehen und überwinden musste, um mit ihm zusammen sein zu können.

Ich stellte die Hypothese auf, dass es in der Beziehung zwischen ihr und ihrem Vater irgendwelche besonderen Komplikationen gegeben haben müsse. Spontan verneinte sie das. Sie hätten immer eine gute Beziehung gehabt. Ich hakte nach: Wie es ihrem Vater gehe, was sie heute für ein Verhältnis mit ihm habe - und erfuhr, dass er sich das Leben genommen hatte, als sie zehn Jahre alt war. Das kann man nun gewiss als „Störung“ in einer Beziehung werten. Selbst wenn die Beziehung vorher scheinbar harmonisch gewesen war, hatte der Vater seine Tochter durch seinen Selbstmord im Stich gelassen und sie in ihrer Existenz durch seine Tat und in ihrem Sein ignoriert und schwer verletzt. Der innerlich vermutlich schon vorher ferne Vater war in eine unerreichbare Ferne entschwunden. Nun suchte sie ihre Männer immer in der Ferne. Nähe mit einem Mann war ihr von der Beziehung zu ihrem Vater als ihrem erstem Mann nicht vertraut und dadurch nicht geheuer.

Bei der Hinterfragung, was wohl der Anlass für den Selbstmord des Vaters gewesen sein könne, kam nicht viel zutage. Susanne D. gab an, dass er über die Beförderung von Kollegen gekränkt gewesen sei, dass er in seinem Beruf nicht so vorangekommen sei, wie er sich das gewünscht hätte. Das alles schien mir nicht zureichend für einen Selbstmord. Solche Probleme haben viele Menschen und werden damit fertig. Was mochte ihm noch auf der Seele gelegen haben, dass er zu schwach war, mit den Widrigkeiten des Lebens zurecht zu kommen?

Auf die Frage nach seiner Kindheitssituation kamen gleich zwei Traumata zutage: Als er ungefähr acht Jahre alt war, starb sein Vater. Er wiederholte also mit seinem Tod gewissermaßen das Ur-Drama seines Lebens und seiner Kindheit gegenüber seinem Kind und starb ungefähr im gleichen Alter wie sein eigener Vater. Man kann das als einen Akt der Sohnestreue werten, aber auch als tragische Folge eines verheerenden früheren Ereignisses.

Das zweite Kindheitstrauma widerfuhr ihm, als seine Mutter ungefähr zwei Jahre später einen anderen Mann kennenlernte. Sie hatte drei Kinder, wovon Susannes Vater das mittlere war. Dieser Mann stellte nun zur Eheschließung die Bedingung, dass er nur ein Kind mit in die Ehe übernehmen wolle, die beiden anderen müssten in ein Heim. Die Frau willigte ein und gab ihre 12 und 10 Jahre alten Kinder in ein Internat weg. Für Susannes Vater bedeutete das nach dem Verlust seines Vaters innerhalb von zwei Jahren auch noch den Verlust seiner Mutter. Den erlebte er jedoch als noch schmerzlicher als den Tod des Vaters, da seine Mutter ihn freiwillig weggab und damit verstieß.

Dieser doppelte Verlust und die Verstoßung stellten eine heftige Verletzung des Selbstwertgefühls des Jungen dar. Umso empfindlicher mag er reagiert haben, wenn es später in seinem Berufsleben geschah, dass andere ihm bei einer Beförderung vorgezogen wurden. Wenn er sich auf eine Position Hoffnungen gemacht hatte und doch nicht genommen wurde, war das für ihn jeweils eine Wiederholung seines Urtraumas, verstoßen zu werden.

So wie er das in seiner Kindheit nicht verarbeiten gekonnt hatte, wurde er auch als Erwachsener nicht anders damit fertig, als durch seine Flucht in den Tod.

Was er seiner zehnjährigen Tochter damit antat, war ihm gewiss nicht bewusst, aber er vererbte ihr durch seinen Schritt einen Teil seines Leides und seiner Last.

16.
Flucht

Ein 35-jähriger Mann berichtete mir mit Stolz, er trage die Verantwortung für 280 Millionen DM Jahresumsatz. Er mache diesen Job bereits seit zwei Jahren und wolle sich nach einer neuen und größeren Herausforderung umschauen. Ich fragte ihn, bei wie viel Millarden Umsatzverantwortung er am Ende seines Berufslebens angekommen sein wolle? Ich äußerte den Eindruck, dass seine Leistungsmotivation weit übertrieben sei und mir die Vermutung nahelege, dass in ihm ein starker Verdrängungs- und Fluchtmechanismus am Werke sei. Der könne ihn zwar zu extremen Spitzenleistungen veranlassen, gleichzeitig aber auch zu einem hochgradig gesundheitsgefährdenden inneren und äußeren Druck führen.

Auf der Suche nach einem entsprechenden Fluchtmotiv wurden wir in seinem Leben nicht fündig. Bei seinem Vater und seinen zwei Brüdern tauchte dieses Motiv hingegen um so eindeutiger auf: Der Vater war in den 60er Jahren aus seiner osteuropäischen Heimat nach Deutschland geflüchtet und seine beiden Brüder waren beide in den Alkohol geflohen. Beide waren vorzeitig, mit 53 und 55 Jahren, gestorben.

Das Urmotiv musste also alle drei in gleichem Maße betreffen. Es war leicht zu finden: der Vater dieser drei Brüder war, als diese ein, drei und sechs Jahre alt waren, tödlich verunglückt. Mit der guten Absicht, die Kinder zu schonen, war danach über den Vater in der Familie geschwiegen worden. Der Schmerz und die Trauer um ihn konnten entsprechend nicht gelebt werden, sondern gerieten unverarbeitet in tiefere seelische Ebenen. Dort blieben sie erhalten und wirkten fort.

Erschreckend passend zu diesem Szenario waren die seit vielen Jahren von Ärzten nicht erfolgreich behandelbaren Hautrötungen meines Gesprächpartners um dessen Augen. Sie gaben seinem Gesicht einen verweinten Ausdruck. Er selbst hatte festgestellt, dass diese Rötungen zeitgleich mit schmerzlichen Abschieden von Partnerinnen, Wohnorten und guten Arbeitsplätzen verstärkt aufgetreten waren. Dagegen waren sie zweimal nach einem jeweils sehr heilsamen Abschied aus spannungsgeladenen und stressigen Arbeitsverhältnissen für kurze Zeit vollständig verschwunden.

Das Urtauma der Familie war also der nicht vollzogene Abschied vom Großvater, der 1936 tödlich verunglückt war. Das Thema, das darum „belastet“ war, hieß „leidvoller Abschied“. Jede reale oder drohende unangenehme Trennungssituation konnte die unbewältigten alten Gefühle von damals reaktivieren und zum Beispiel in Gestalt von Stressempfindungen oder Hautrötungen wieder an die Oberfläche bringen. Während der Zeit zwischen solchen Situationen konnten diese alten Gefühle nur durch ein Übermaß an Ablenkung - und dazu taugt wohl die Verantwortlichkeit für 280 Millionen DM - unterdrückt werden.

Sich den Gefühlen, die beim Nichtstun oder in der Stille einer Meditation hochkommen, zu stellen, ist ein Weg zur Befreiung davon. Sie mögen schmerzlich sein, aber erst wenn sie zugelassen und ausgehalten werden, können sie auch verfliegen.

V
Zweite Unterstimme
(Bass)

Lebensmuster aus kollektiven Traumata eines Volkes oder einer Glaubensgemeinschaft

Kollektive Traumata der Gegenwart können gleich auf den Einzelnen durchschlagen. Wenn es sich allerdings, wie in den Berichten dieses Kapitels um Traumata der Vergangenheit handelt, werden sie meist durch Familienmitglieder an den Einzelnen weiter vermittelt. Insofern gilt das meiste, was im letzten Kapitel über Familientraumata gesagt wurde, auch für dieses Kapitel. Der Einzelne hat Anteil an der Geschichte des Volkes und der Gemeinschaft, zu der er gehört. Das gilt im Guten wie im Schlechten. Von der Kollektivschuld der Deutschen am Zweiten Weltkrieg und an der Judenvernichtung ist oft gesprochen worden. Tatsächlich haben wir als Deutsche im Ausland immer wieder mit alten Vorurteilen zu tun, die sich zwar auf nichts beziehen, was wir persönlich verursacht hätten, die uns aber doch angehen und manchmal betroffen machen. Wir werden von anderen oft als Nachkommen oder Mitglieder eines Volkes in Verbindung mit all dem, was dieses Volk geleistet oder verschuldet hat, gesehen. Man neigt oft dazu, diese Zusammenhänge zu leugnen oder der Phantasie der ewig Gestrigen zuzuschreiben. Die Berichte dieses Kapitels zeigen jedoch, wie stark Menschenschicksale bis heute real insbesondere durch schreckliche Ereignisse der Vergangenheit geprägt werden. Die Folgen des Ersten und Zweiten Weltkrieges sind längst nicht verdaut und verarbeitet. Täglich könnte man mit entsprechendem Tiefblick in den Zügen jungen Zeitgenossen die Spuren der Weltkriege erkennen. Anhand der Berichte wird deutlich, wie wenig eigentlich an Kriegserlebnissen aktiv psychologisch bearbeitet worden ist und wie sehr heute noch Menschen daran leiden.

1.
Ur-Angst

Bei einem Seminar schilderte mir Fred Petersen, ein 35-jähriger Mann, seine Ur-Angst, die ihn seit vielen Jahren begleitet und plagt, folgendermaßen: „Ohne mich wehren oder entkommen zu können, fühle ich mich immer wieder irgendwelchen grausamen Typen ausgeliefert, die mich quälen. Für niemanden ist so etwas natürlich eine positive Vorstellung, aber in mir steckt diese Angst ganz besonders drin, so dass ich mir Filme mit solchen Szenen nicht anschauen kann."

Nach den Hintergründen dieser Angst forschend, stieß Fred Petersen auf folgende interessante Parallele:

Der Mann der Schwester seiner Mutter war im Zweiten Weltkrieg gefallen. Kurz darauf starb auch die kleine Tochter von beiden.

Als Fred Petersens Mutter ihn dann als ihr sechstes Kind bekam, gab sie ihn gerne ihrer Schwester, die in der Nähe wohnte, zur Pflege, und so wuchs der kleine Fred die ersten Lebensjahre im Haus seiner Tante auf und tröstete sie über deren verlorenes Kind und ihren verlorenen Mann hinweg.

Der zugemutete Verzicht auf die Liebe der echten Mutter mag schon belastend genug für ein kleines Kind gewesen sein; daraus läßt sich vielleicht Freds einigermaßen zurückhaltende, gedämpfte Art verstehen. Es erklärt aber nicht seine speziellen Verfolgungsängste. Die werden bemerkenswerterweise durch einen anderen Mosaikstein verständlich: Freds Tante zeigte ihm nämlich auf seine Nachfrage hin einen Wehrmachtsbericht, in dem das Rote Kreuz die letzten Tage und Stunden ihres Mannes beschrieb:

„...Die Division bekam bereits am 23. Dezember die ganze Wucht dieser Angriffe zu spüren. Es gab die ersten Ausfälle. Im Morgengrauen des 24. Dezember begann ein schweres Trommelfeuer; Schlachtflieger belegten die Nachschubwege und Trosse mit Bomben. Dann brachen sowjetische Panzer und Infanterie in die Stellungen ein. ... Seit den Kämpfen zwischen dem 23. und 31. Dezember 1943 wird eine große Zahl Soldaten der Division vermisst, die sehr wahrscheinlich gefallen sind. Zu Beginn der Kämpfe herrschte starker Nebel. Dann wechselten Schneestürme und Regengüsse einander ab. Festgefahrene Fahrzeuge wurden oft von nachdrängenden sowjetischen Panzern beschossen, bevor die Besatzungen aussteigen konnten. Marschkolonnen und Verwundetentransporte wurden von Tieffliegern angegriffen und hatten erhebliche Verluste. Dabei sind - besonders in den Nachtstunden - viele Vermisste gefallen oder als Verwundete ihren Verletzungen erlegen, ohne dass es bemerkt und gemeldet werden konnte."

Ohne dass Fred Petersen sich erinnern kann, dass ihm diese Geschichte jemals erzählt worden war, empfand er diese apokalyptische Schilderung als seiner Ur-Angst exakt entsprechend und äußerte die Vermutung, dass sie sich von seiner Tante - oder sogar von seinem Onkel? - auf ihn übertragen habe.

Insofern er der Tante nicht nur das Kind, das allerdings ein Mädchen gewesen war, sondern auch noch den Mann ersetzen musste, geriet er als Junge vor allem mit diesem in eine Identifikationsbeziehung und sog alles, was den betraf, gewissermaßen automatisch und unbewusst in sich auf. Zu seiner Überraschung fand er in sich dann später die Gefühle wieder, die sein Onkel in seiner Todesstunde gehabt haben mochte.

Ein anderer Aspekt, der auch auf die unterschwellige Verbindung zu seiner Pflegefamilie hinweist, soll ebenfalls noch erwähnt werden: Fred Petersen stellte bei der Reflexion seiner Beziehung zu seiner Tante überrascht fest, dass er, ohne sich dessen bewusst zu sein, seiner Tochter den zweiten Vornamen seiner Tante, nämlich Lisa gegeben hatte. So führte auch hier eine Seelenspur zu seiner Ersatzmutter.

Nach meiner Beobachtung kommen solche unbewussten Namensidentitäten relativ häufig vor. An ihnen läßt sich zudem gut verdeutlichen, wie das Unterbewusstsein wirkt und arbeitet: Der erste Vorname der Tante wäre zu offenkundig gewesen und hätte auf zuviel Widerstand des Bewusstseins stoßen können. Welcher Mann könnte oder würde heutzutage noch seiner Frau zumuten, einer gemeinsamen Tochter den Namen seiner Mutter oder Ersatzmutter zu geben? Trotzdem mag es da aber ein tieferes Bedürfnis der Würdigung dieser Person und der Weitergabe ihres Namens bestehen. So wählt das Unterbewusstsein einen Ausweg, der niemandem auffällt und nimmt, wie in diesem Fall, den zweiten Vornamen, oder in anderen Fällen Namensvarianten. Ein Beispiel aus dem wahren Leben ist dafür das Folgende:

Ein früh verstorbener Bruder der Großmutter eines Klienten hieß Johannes. Ihren Sohn nannte die Großmutter Hans, der nannte seinen Sohn Jan, und der seinen Sohn Janosch und eine Tochter Hanna. All das sind Abwandlungen des Namens Johannes. Was verstärkend auffiel war, dass all diesen Namensträgern von der Familie die in der Verwandtschaft sprichwörtliche besondere Musikalität des ersten Johannes zugesprochen beziehungsweise zugemutet wurde. Daran wird deutlich, dass durch die ständig sich unbewusst wiederholende Namensgebung im Familiensystem versucht wird, den ausgefallenen ursprünglichen Johannes in jeder Generation durch mindestens ein anderes Familienmitglied zu ersetzen.

2.
Spuren des Entsetzens

Einmal hatte ich einen sechsunddreißigjährigen Mann zu Gast, der mir besonders durch ein merkwürdig verzerrtes süß-saures Dauergrinsen auffiel. Nichts brachte ihn aus der Ruhe. Er blieb ironisch und kalt. Als Geschäftsführer einer Firma mit 600 Millionen DM Jahresumsatz war er extrem erfolgreich. Er arbeitete Tag und Nacht. Er hatte eine ähnlich arbeitswütige Ehefrau und keine Kinder.

Was mochte hinter seiner Maske verborgen sein? Wer mochte dahinter zum Vorschein kommen? Welches Schicksal hatte ihn so geprägt?

Er sagte, seine Mutter sei kalt gewesen, und sie habe ihn so geprägt. Sie habe keine Gefühle gezeigt. Sie sei immer sachlich, nüchtern und klar gewesen und beruflich erfolgreich. Den ganzen Mütterkitsch und die oft damit verbundene Gefühlsduselei habe es bei ihnen zu Hause nicht gegeben. Sie habe vermutlich auch keine Gefühle gehabt. Dass er in seinem Elternhaus keine Wärme erlebt hätte, habe er auch nicht vermisst. Im Gegenteil, er sei stolz darauf, dass ihn nichts aus der Ruhe bringen könne. In seinem Job müsse man kühlen Kopf bewahren und zweckrational handeln.

Er war also ziemlich überzeugt von der Richtigkeit seiner Befindlichkeit. Die Frage nach der Ursache dieses So-Seins verschob sich also um eine Generation. Die Mutter hatte etwas weiterkopiert, was ihr widerfahren sein musste. Was mochte sie so eiskalt gemacht haben, dass ihr Kind keine Wärme bei ihr finden und in der Folge auch nicht bei sich selber entwickeln konnte, dass es sechsunddreißig Jahre alt werden konnte, ohne eigene Gefühle zu spüren und zu entfalten?

Die Ursache lag in Auschwitz! Als seine Mutter elf Jahre alt war, wurde sie als Jüdin zusammen mit ihrer Mutter von den Nazis ins Konzentrationslager Auschwitz verschleppt. Dort erlebte das elfjährige Mädchen dann den Horror des Lagers und wie seine Mutter vergast und verbrannt wurde.

Wenn man dann bedenkt, was ein allein zurückbleibendes überlebendes elfjähriges Mädchen wohl mit seinen Gefühlen des Entsetzens, der Verzweiflung, des Hasses, der Wut, des Schmerzes und der Ohnmacht gemacht haben wird, fällt es nicht schwer, sich vorzustellen, dass es all diese Gefühle beiseite schob und in sich verkapselte. Dabei wird sie nicht nur spezielle Gefühle, sondern ihr gesamtes Gefühlsspektrum so eingefroren haben, dass sie gar nichts mehr spürte. So endgültig hatte sie damals ihre Gefühle in sich verschlossen, dass ihr nicht einmal ihr eigenes Kind warme Gefühle entlocken konnte, dass sie unfähig wurde, sich ihrem eigenen Kind emotional zuzuwenden. Sie blieb kalt und sachlich. Und so wurde auch das Kind kalt und sachlich.

Durch diesen Ablauf wirkt Auschwitz in seiner Seele nach. So erleben wir die Folgen von Auschwitz in unserer Mitte: Zwei Menschen mit verbrannten Gefühlen, mit vor Schmerz zusammengekrampften Seelen, Menschen, die gefühlstot sind oder sich zumindestens nach außen so geben. In diesem Sinn war es bezeichnend, dass er eine große schwarze Limousine mit schwarz getöntem Glas fuhr.

Kinder will er keine haben. Auch keine Therapie. Unter diesen Umständen ist das mit den Kindern vermutlich besser so.

3.
Kriegswaise

In einem Rhetorikseminar brach eine 35-jährige Frau bei vier verschiedenen Redeübungen ohne erkennbaren Anlass in Tränen aus. Ich fragte sie, worauf sie das zurückführe. Sie antwortete, sie habe noch nie vor Gruppen gesprochen und könne sich das eigentlich auch nicht erklären. Sie sei halt sehr unsicher. Außerdem habe sie seit kurzem die Pille abgesetzt und vermutlich sei sie durch die damit verbundene hormonelle Umstellung insgesamt etwas durcheinander.

Ich machte sie darauf aufmerksam, dass - hormonelle Umstellung hin oder her - sie viermal in Tränen ausgebrochen sei und nicht viermal einen Lachanfall bekommen habe. Insofern würde ich es für wahrscheinlich halten, dass bei ihr, vielleicht durch die hormonelle Umstellung verstärkt, Gefühle an die Oberfläche gekommen seien, die sie sonst zurückhalten würde. Sie räumte daraufhin ein, dass sie neben ihrer Unsicherheit eine pessimistische Grundeinstellung zum Leben habe und auch ihrem Körper gegenüber keine positive Einstellung. Sie wusste dafür keinen anderen Grund anzugeben, als dass ihre Mutter genauso sei. Gleichzeitig bestritt sie aber jede Ähnlichkeit zwischen sich und ihrer Mutter. Sie komme ganz nach ihrem Vater. Ich forschte weiter: „Was mag ihre Mutter Schreckliches erlebt haben, dass sie zu so einer pessimistischen Grundhaltung gekommen ist?" - „Da fällt mir eigentlich nichts zu ein." Ich bohrte weiter: „Was wissen Sie aus der Kindheit Ihrer Mutter, was für Schicksalsschläge hat die Familie da erlitten, welche besonderen Vorkommnisse mag es gegeben haben?" Mit betont nüchterner Sachlichkeit schilderte mir meine Gesprächspartnerin, dass der Vater ihrer Mutter gefallen sei, als diese 13 Jahre alt war. Ein Jahr später war die Mutter meiner Gesprächspartnerin Zeuge, als ihre Mutter von einem Granatsplitter getroffen und auf der Stelle getötet worden war. So war sie mit 14 Jahren Vollwaise geworden.

Meine Gesprächspartnerin bestritt, dass das für sie persönlich irgendeine Bedeutung haben könne, denn sie sei damals ja noch nicht auf der Welt gewesen und ihre Mutter habe ihr auch nur zweimal überhaupt davon erzählt. Ich schlug ihr vor, ihre Mutter noch einmal darauf anzusprechen. Dazu hatte sie allerdings nur sehr wenig Lust: „Das habe ich einmal versucht. Da ist meine Mutter gleich in Tränen ausgebrochen und war nachher noch lange so durcheinander, dass man mit ihr nicht mehr normal sprechen konnte. Darüber möchte ich lieber mit meiner Mutter nicht wieder sprechen."

Meine Antwort darauf war: „Sie können daran sehen, dass Ihre Mutter den Schmerz von damals noch nicht verarbeitet hat, und dass er in ihr in einer verletzlichen dünnen Hülle abgelagert ist. Genau dieses Muster von Schmerz und Verzweiflung so wie die damit verbundenen negativen Einstellungen zum Leben hat Ihre Mutter Ihnen als Grundlebensmuster mit auf den Weg gegeben. Etwas anderes hatte sie nicht, etwas anderes konnte sie Ihnen nicht geben. Ihre Chance liegt darin, an diesem alten Schmerz anzuknüpfen. Wenn Sie mit ihrer Mutter über diesen Schmerz ausführlich sprechen und mit ihr - oder stellvertretend für sie - darüber weinen können, dann kann das ein Weg sein, den alten Schmerz auszutrauern und hinter sich zu lassen. Ihr Lebensgefühl wird Auftrieb bekommen wie ein Gasballon, der Ballast abwirft."

4.
Mangel an Gemeinsamkeit

„Was ist eigentlich Ihre Lebensvision?" fragte ich einen etwa 50-jährigen Mann.
Seine Antwort lautete: „Ich will mir im Ruhestand ein Wohnmobil kaufen."
„Und was bedeutet das für Sie?", fragte ich weiter.
„Nun, ich will mit meiner Frau gemeinsam durch die Welt reisen und dabei eng mit ihr zusammen sein. Ich finde es gut, gemeinsame Erinnerungen zu haben und gemeinsam etwas zu unternehmen."
„Und was macht Ihnen zur Zeit in ihrem Leben am meisten Freude?"
„Das Wichtigste für mich in meinem Leben ist es, mit meinem Team gemeinsam zu arbeiten, Anstrengungen und Erfolge gemeinsam zu meistern und gewissermaßen eine kleine Firmenfamilie zu bilden."
„Was könnte Sie noch reizen oder wovon träumen Sie gelegentlich?"
„Ja, ich träume davon, gemeinsam mit meiner Frau in Amerika zu leben. Wir waren schon zwei Jahre dort und es hat uns so gut gefallen, dass wir uns vorstellen und wünschen können, wieder dort zu leben. Vielleicht ist das auch etwas für unseren Ruhestand. Dort kann man ja auch gut mit dem Wohnmobil herumfahren."
„Was ist es, was Ihnen in Amerika so gut gefallen hat?"
„Das war der Pioniergeist, den wir dort bei den Menschen festgestellt haben."
„Was verstehen Sie unter 'Pioniergeist' und was bedeutet das für Sie?"
„'Pioniergeist' bedeutet für mich die Bereitschaft, gemeinsam

mit anderen alle Aufgaben, Projekte und Probleme anzugehen, durchzuziehen beziehungsweise zu lösen. Die Nachbarschaftlichkeit der Amerikaner, die wir dort erfahren haben, übertrifft alles, was wir hier in Deutschland kennen. Wir waren gerade zwei Tage in unsere Wohnung eingezogen, als die Nachbarn schon für uns in unserer Wohnung eine Party für 150 Leute aus der Nachbarschaft organisiert hatten, die wir unbedingt kennenlernen müssten. Sie brachten alle Getränke und Speisen mit und wir hatten überhaupt keine Arbeit damit. Der Bürgermeister, zwei Pfarrer von verschiedenen Konfessionen, der Vorsitzende des Golfclubs, alle, die in dieser kleinen Gemeinde irgendetwas repräsentierten, waren tatsächlich gekommen, um uns willkommen zu heißen. Auch in der späteren Zeit erlebten wir so viel Gemeinschaftlichkeit, wie wir es sonst nirgendwo gekannt haben. Das bedeutet für uns Amerika und deshalb möchten wir gerne wieder dahin."

Mir fiel in diesem Gespräch auf, dass in jedem Satz eine Wortbildung mit „gemeinsam" auftauchte. Innerhalb von knapp fünf Minuten 16 mal.

Nach der Logik, dass man immer genau das am meisten sucht, was man am wenigsten hat oder gehabt hat, forschte ich in seiner Vergangenheit nach Situationen der Trennung und Einsamkeit. Ich fragte ihn nach seinem Vater und seiner Mutter. Sein Vater war 1945, zwei Monate nach seiner Geburt, an Kriegsfolgen gestorben. In den 14 Monaten vor dem Tod seines Vater hatte seine Mutter vier weitere enge Bezugspersonen verloren: ihr ältestes Kind war im Alter von zwei Jahren gestorben, ihre beiden Elternteile starben und ein Bruder von ihr war gefallen. Er war mit seiner Mutter allein von der Familie übrig geblieben.

Aus einer so verstümmelten Rumpffamilie stammend, ruft nun sein Herz lebenslänglich nach ergänzender und umfangender Gemeinschaft. Zurecht ist es kaum vorstellbar, dass in seinem Leben ein anderes Motiv stärker werden könnte, als der Wunsch und die Sehnsucht nach Nähe, Geborgenheit, Gemeinschaft und Zusammensein.

5.
Der Stellvertreter

Karl Neumann, 42, erzählte, dass er seinen Vornamen nach einem Großvater und einem Onkel, die beide Karl hießen, bekommen habe. Beide seien im Zweiten Weltkrieg gefallen.

Nach meinen bisherigen Erfahrungen mit Namensgebungen sah ich ihn in der Gefahr, durch diese Namensgleichheit zum Stellvertreter für die beiden Verstorbenen gemacht worden zu sein.

Auf meine diesbezügliche Frage erhielt ich zunächst die übliche verneinende Antwort. Danach fiel ihm aber ein, dass er sich in seinem ganzen Leben eigentlich immer in Stellvertreterrollen befunden habe: Er sei während seiner Schulzeit ständig stellvertretender Klassensprecher gewesen; in seinem Beruf habe er immer schnell die Rolle des Stellvertreters seiner Chefs erhalten, er scheine „geradezu für diese Rolle geboren“. Gegenwärtig sei er erstmals in seinem Berufsleben seit etwa einem Jahr nicht mehr Stellvertreter eines Chefs, sondern selbst Chef eines Ressorts. An dieser Stelle sei er aber von seiner Position her „Repräsentant“ der Firma und damit eigentlich auch wieder nur Stellvertreter.

Außerdem fiel ihm ein, dass er seine mittlerweile langjährige Freundin zu einer Zeit kennengelernt hatte, als die gerade um ihren Ex-Mann trauerte, der sie kurz vorher verlassen hatte. Er sagte, er fühle sich bei ihr bis heute gewissermaßen als Stellvertreter des Ehemannes.

Die Frage, die ich an ihn richtete war: „Wenn Sie bisher immer jemand anderen vertreten haben, wer sind Sie dann eigentlich, wenn Sie niemanden vertreten, sondern Sie selbst sind?“ Darauf hatte er noch keine Antwort bereit, spürte aber, dass es für ihn lohnend sein würde, darüber ausführlich nachzudenken.

6.
Todessehnsucht

Michael T. berichtete von einer Zeit in seinem Leben, in der er eine ihm innewohnende Mentalität besonders exzessiv gelebt habe: Er habe sich immer wieder in lebensgefährliche Situationen gebracht und sei auch ein paar Mal fast „drüben" gewesen.

Die Frage, die sich aufdrängte, war: Warum tut er das, warum bringt er, beziehungsweise sein Unterbewusstsein, ihn immer wieder in solche gefährlichen Situationen.

Michael betonte ausdrücklich, dass seine Kindheit und sein Leben gänzlich ohne besondere Seelenverletzungen für ihn abgelaufen seien. In seiner Familie habe es weder in seiner Kindheit noch bis heute Besonderheiten gegeben, seine Eltern lebten bis heute (er ist 43 Jahre alt) zusammen und hätten sich immer sehr um ein harmonisches Familienleben bemüht, was ihnen auch gelungen sei.

Auf Nachfrage stellte sich heraus, dass sein Vater zeitweise die gleiche Mentalität gelebt habe wie er. Auch der sei zeitweise auf gefährliche Weise Motorrad gefahren und habe mehrfach nach schweren Unfällen die Grenze des Todes gestreift. Sowohl ihm, Michael, als auch seinem Vater hätte einmal nach einem Unfall beinahe ein Bein amputiert werden müssen.

Warum diese Grenzgängerei, diese Todessehnsucht bei Vater und Sohn? - Gibt es da irgend etwas in der Seele dieser beiden, das sie nach rückwärts aus dem Leben zu ziehen versucht?

Der Vater von Michael war mit seiner Mutter (also der Großmutter von Michael), seinen Großeltern und mit seinen drei älteren Schwestern am Ende des Krieges in ein Internierungslager geraten. Dort erlebte er als Fünfjähriger mit, wie seine siebenjährige und seine achtjährige Schwester verhungerte.

Wenn man versucht, sich ein solches Horrorszenario vorzustellten, kann man vielleicht ahnen, wie sich Schrecken und Verzweiflung über die ganze Seele des Fünfjährigen, der mit seinen Geschwistern psychisch noch in einer symbiotischen Gemeinschaft lebte, ausgebreitet haben müssen. Ein Teil von ihm stirbt unter Qualen mit. Unentrinnbar fühlt er sich in seiner Seele zu ihnen hingezogen. Dieser Sehnsucht nach den Toten entspricht dann auch der (unbewusste) Impuls ihnen zu folgen.

Nach der Befreiung aus dem Lager lebten die Großeltern in der DDR, die Eltern in West-Deutschland, und als er und seine überlebende Schwester aus dem Haus gingen, zogen beide in verschiedene Städte weit weg von den Eltern.

Alle Familienmitglieder gingen sich zwanzig Jahre aus dem Weg und vermieden es so, sich gegenseitig an die schrecklichen Erlebnisse von damals zu erinnern und sich immer wieder die schmerzliche Frage zu stellen, ob sie nicht die beiden Mädchen doch hätten durchbringen können. In Michaels Familie war über diese Ereignisse nie gesprochen worden. Erst als er erwachsen war, erfuhr er einmal aus einer Erzählung seiner Großmutter davon.

Wenn es in einer Familie Tabuthemen gibt, so deutet das immer auf eine verdrängte, schmerzliche und noch in der Gegenwart gefährliche Angelegenheit hin. Wenn etwas emotional erledigt ist, kann man offen darüber sprechen.

Michael und sein Vater hatten eine innere unbewusste Sehnsucht nach diesen beiden Kindern. Sie hätten jeder ein Bein oder sogar ihr Leben hingeben mögen, um das Geschehene ungeschehen zu machen, oder um zu ihnen kommen zu können. Um solche Tabuthemen aufzulösen, muss man beginnen, sie behutsam aber konsequent anzufassen und darüber zu sprechen. Nicht erfolgte Trauerarbeit in der Familie muss nachgeholt werden und die beiden verhungerten Kinder müssen wieder als dazugehörige Mitglieder ins Bewusstsein der Familie aufgenommen werden.

7.
Kriegsgräberfürsorge

Rolf P.'s Freunde und seine Freundin erklärten ihn für verrückt: Im Alter von 33 Jahren spendete er schon seit einigen Jahren regelmäßig für die Kriegsgräberpflege. Er wusste selbst nicht warum. Außerdem hatte er einen Hang, Soldatenfriedhöfe zu besuchen, den auch niemand in seiner Umgebung teilen mochte. Ich erfuhr davon durch die albernen Scherze, die seine Freunde darüber machten. Rolf schien darüber hinaus in seinem Wesen melancholisch und eher müde.

Welchem Toten mochte er wohl nachtrauern?

Rolfs Großmutter hatte einen älteren Bruder gehabt, den sie sehr verehrt hatte. Im Ersten Weltkrieg war er gefallen. Sie vermutete in Belgien. Sie hatte immer den Wunsch gehabt, sein Grab einmal ausfindig zu machen und ihn zu besuchen. Tatsächlich hatte sie um 1972 herausgefunden, wo das Grab ihres Bruders war. Ihr Enkel hatte ihr mehrfach vorgeschlagen, mit ihr dorthin zu fahren, aber immer war etwas dazwischen gekommen. Schließlich war sie gestorben, ohne dort gewesen zu sein. Sie hatte eins ihrer Kinder wie den verstorbenen Bruder genannt, aber auf Nachfrage bei seinen Eltern stieß Rolf auf großes Befremden, sie hatten angeblich nie von dem gefallenen Bruder gehört. Die Großmutter hätte nie von ihm gesprochen.

Rolfs Hang zu Soldatenfriedhöfen wurde ihm nun klarer. Er hatte von seiner Großmutter mit deren Trauer zugleich einen Auftrag übernommen: weiter zu trauern. Sie hatte es schließlich zu verhindern gewusst, sich am Grab ihres Bruders selbst auszuweinen und die Trauer damit zu einem Ende zu führen. Sie hatte auch nicht ihren Kindern von ihrem Lieblingsbruder erzählt, sondern ihrem Enkel. So wurde durch ihn die Trauer noch eine Generation länger aufrecht erhalten und für die Pflege von Soldatengräbern gespendet.

Nun hatte Rolf die Wahl: Entweder nach Art seiner Großmutter weiter zu trauern und als Trauerkloß durch sein Leben zu gehen, oder aber die Trauer aufzulösen und zu beenden. Das kann aber, wie schon gezeigt, nicht durch eine Willensentscheidung geschehen, sondern eher durch einen symbolischen Vollzug.

Die Reise zu dem entsprechenden Grab schien jetzt endlich an der Zeit. Der Impuls dazu kam am Ende unseres Gesprächs von ihm selbst: Er nahm sich vor, stellvertretend für seine Großmutter zu dem Grab ihres Bruders zu fahren und ihre vermeintliche Schuld am richtigen Platz abzutragen. Er wollte die Trauer dort noch einmal richtig spüren und sie dann dort begraben: Mit einem Gebet und einem Blumenkranz auf dem Grab seines Großonkels, der seiner Großmutter und der ganzen Familie seit damals fehlte. Jetzt sollte er bekommen, was ihm bisher vorenthalten war, und was ihm doch gebührte.

Auch wenn ich von Rolf P. bisher keine Rückkopplung bekommen habe, ob er diesen Besuch mittlerweile tatsächlich unternommen hat, und welche Wirkung davon ausgegangen sein mag, war es für mich schon befriedigend zu erleben, wie viel Energie, Freude und Entschlossenheit ich bei diesem zuvor noch melancholisch und müde wirkenden Mann während unseres Gesprächs plötzlich spüren konnte. Wir waren eindeutig auf eine vitalisierende Energiespur gekommen.

8.
Holocaust

Eine Frau hatte einen Traum gehabt, der sie erschreckt hatte, und der ihr unverständlich war. Ihn machten wir zum Gegenstand einer Beratung:

„Ein Straßenbahnwagen fuhr auf eine Gleis entlang und überfuhr eine mir unbekannte Person. Zuerst wurden der Person die Hände abgefahren, dann die Füße. Blut spritzte überall und ringsumher standen Leute. Da mir die Person unbekannt war, war mir das Ganze ziemlich egal."

Zur Straßenbahn assoziierte sie "Aggressivität" und zu Schienen "Eisen" und "kalt". Es ergaben sich in der näheren Betrachtung folgende Deutungsebenen:

1. Die Frau ist Jüdin, ihr Vater war im Konzentrationslager. Das Schicksal der Juden war es in der Zeit des Nationalsozialismus, so brutal niedergemacht zu werden, als wären sie rücksichtslos von einer Straßenbahn überfahren worden.

2. Von ihren Eltern erhielt sie als eine nach dem Krieg Geborene fast keinerlei Aufklärung über ihre jüdische Identität. Als sie mit 12 Jahren einen Fotoband über Judenvergasung in Auschwitz in die Hände bekam, bezog sie die Bilder auf sich und konnte kaum zwischen Historie und realer Bedrohung in der Gegenwart unterscheiden. Sie empfand die Ignoranz ihrer Eltern gegenüber dem jüdischen Aspekt ihrer Identität als kaltes Überfahren eines für sie wichtigen, ihr aber bis dahin unbekannten Persönlichkeitsanteils.

3. Die Begegnung mit dem pervertierten Männlichkeitswahn der Nationalsozialisten, der sich so brutal gegen Juden gerichtet hatte, löste bei ihr mit 13 Jahren eine undifferenzierte Ablehnung und Aggressivität gegen Männer aus. Da das im dreizehnten Lebensjahr geschah, wurde die Entwicklung ihrer emotionalen Beziehungsfähigkeit zu Männern dadurch zu einem Zeitpunkt überfahren, zu dem sie mit der beginnenden Pubertät eigentlich gerade erst hätte beginnen sollen.

Bis heute wirkt sich das konkret so bei ihr aus, dass sie zwar auf Männer anziehend wirkt und sich auch auf Bekanntschaften mit Männern einlassen kann, dass sie aber fast automatisch und kaum steuerbar ablehnend bis aggressiv wird, sobald ein Mann eine bestimmte Distanzschwelle zu ihr überschreitet.

Im Traumbild: Ein Persönlichkeitsanteil dieser Frau wird von einer ihr innewohnenden Aggressivität so eisenhart wie von einer Straßenbahn überfahren, dass er, seiner Hände und Füße beraubt, handlungsunfähig geworden ist. Dieser Persönlichkeitsanteil ist ihre Beziehungsfähigkeit zu Männern. Sie findet nur eingeschränkt statt.

4. Ein Kind, das sie bei einer kurzen Begegnung mit einem Mann empfangen hatte, konnte sie sich nicht vorstellen anzunehmen. Sie projizierte immer den Mann, der ihr zu nahe getreten war, auf das Kind und sah ihn in ihm. Sie ließ das Kind deshalb abtreiben. Sie behandelte dieses Kind in sich wie eine Straßenbahn, die einen Menschen so überfährt, dass Blut spritzt.

5. Die harte Aggressivität, die ihr Vater durch die Nazis erlebt hatte, die Ignoranz, die sie von ihren Eltern gegenüber ihrer

jüdischen Identität empfunden hatte, die Verletzung durch den nationalsozialistischen Männlichkeitswahn, der ihre Beziehungsfähigkeit gegenüber Männern erheblich beeinträchtigt hatte, all das zusammen hatte schließlich auch ihr Kind getötet,

So wirken die Folgen des alten Terrors noch bis heute fort. Hass sät Hass, Aggression führt zu Aggression. Heilung beginnt da, wo einer anfängt zu lieben.

9.
Väterlose Familie

Eine junge Frau, die 1913 aus Liebe und gegen den Willen ihrer Eltern geheiratet hatte, hatte gerade ihr erstes Kind zur Welt gebracht, als ihr Mann schon in den Ersten Weltkrieg einrücken musste. Nach kurzer Zeit wurde er bereits als vermisst gemeldet und erst 1920 erfuhr sie, dass er doch noch lebte. Einen Tag später konnte sie ihn in Köln am Hauptbahnhof vom Zug abholen. Sie erkannte ihn kaum. Ihr Mann kam als schwerkranker und vom Tode gezeichneter Mensch aus französischer Kriegsgefangenschaft zurück. Sie zeugten noch ein weiteres Kind, doch er starb bereits zwei Monate vor dessen Geburt.

Die ältere Tochter widmete ihr Leben dem Vater im Himmel und ging ins Kloster. Die jüngere Tochter, die ihren Vater nie kennengelernt hatte, heiratete und bekam fünf Kinder. Davon folgte eins im ersten Lebensjahr dem Großvater ins Jenseits. Von den vier verbleibenden Kindern waren zwei Mädchen. Von ihnen soll hier die Rede sein.

Beiden erging es in ihrem Leben ähnlich wie ihrer Großmutter. Beide heirateten, wurden schwanger und verloren ihre Männer im ersten Lebensjahr ihrer Kinder. Diesmal allerdings mit dem Unterschied, dass die Männer, da kein öffentlicher Krieg war, durch einen privaten Krieg, das heißt, in bösem Streit aus den beiden Familien entfernt wurden. Der Kontakt zwischen beiden Frauen und ihren Männern wurde vollständig unterbrochen, so dass beide Kinder aufwuchsen, ohne ihre Väter zu kennen.

Eine dieser beiden vaterlosen Töchter aus der dritten Generation ist mittlerweile 24 Jahre alt, und in ihrem Leben findet sich schon wieder die Reproduktion des gleichen Musters: Sie zeugte ein Kind mit einem Mann aus Afrika, der wiederum im ersten Lebensjahr des Kindes mit unbekanntem Aufenthalt nach Afrika verschwand. Vermisst. So wächst nun auch in der vierten Generation wieder ein Kind auf, das seinen Vater nicht kennt.

So setzen sich traumatische seelische Verletzungen, die durch den Ersten Weltkrieg verursacht wurden, bis auf den heutigen Tag als Muster fort. Solch ein „Wiederholungszwang" zeigte sich schon in vielen anderen Berichten dieses Buches. Das Unterbewusstsein scheint immer wieder daraufhin zu arbeiten, bestehende Urbilder so lange zu reproduzieren bis sie durch neue Urbilder ersetzt werden. Eine solche Ersetzung kann durch neue äußere Ereignisse oder durch symbolhafte Akte oder auch durch innere Visualisierungen geschehen.

Eine therapeutische Arbeit wird sich dabei besonders der beiden letzten Möglichkeiten bedienen müssen. In dieser Familie könnte es sich dabei entweder um eine symbolhafte Repäsentanz der fehlenden Väter handeln, was man durch zentral aufgehängte Fotos und Gespräche über sie bewerkstelligen könnte, oder aber um die regelmäßige Visualisierung von „intakten" Familienstrukturen.

Anderenfalls besteht die Gefahr, dass weiter in der Familie die Abwesenheit von Vätern mit ihren tragischen Aspekten reproduziert wird.

10.
Folgen einer Vergewaltigung

Norddeutschland. Der zweite Weltkrieg stand kurz vor seinem Ende und die Truppen der Alliierten hatten schon Einzug in Deutschland gehalten. Einzelne Gruppen von ihnen zogen plündernd und vergewaltigend durchs Land.

Maria Petersen war 33 Jahre alt und Mutter von fünf Kindern. Mit vorgehaltenem Gewehr wurde sie von einem Trupp Soldaten aus ihrem Garten weggeführt und in einem Schuppen nebenan gequält und vergewaltigt. Als sie nach mehreren Stunden wieder freikam, war sie so verwirrt und zerstört, dass sie trotz aller Versuche der Verwandten und Nachbarn, sie wieder aufzurichten und ihr zu neuem Lebensmut zu verhelfen, nach neun Monaten in eine psychiatrische Klinik gebracht wurde. Dort verbrachte sie, halb umnachtet, dann die letzten fünfunddreißig Jahre ihres Lebens.

Die älteste Tochter war zum Zeitpunkt der geschilderten Ereignisse elf Jahre alt. Sie übernahm die Versorgung der Familie. Der Vater war noch in Gefangenschaft und eine Tante aus der Nachbarschaft schaute mit nach dem Rechten.

Diese Tochter hatte später einen homosexuellen Sohn. Er hatte nur mit Männern Beziehungen. Er hatte nacheinander jeweils mehrere Jahre in der Aids-Hilfe, der Altenpflege und in der Psychiatrie gearbeitet. Was hatte das alles miteinander zu tun?

Meine Deutung: Die Erschütterung der Familie durch den Gewaltakt an der Großmutter war so groß, dass die Kinder damit nicht fertig wurden. Sie wirkte insofern auch noch beim Enkel nach und er war in seiner Seele noch an das alte Schreckensbild gebunden und mit dessen Aufarbeitung beschäftigt. Aus innerstem Abscheu gegen diesen Akt und gewissermaßen zur Wiedergutmachung an der Großmutter, deren Leben daran zerbrochen war, hatte er (unbewusst) folgendes Lebensmuster gewählt:

„Liebe Großmutter, nach dem, was Dir geschehen ist, will ich niemals so ein triebhafter Mann sein, der Frauen zu nah kommt. Ich werde niemals eine Frau anrühren. Außerdem will ich in meinem Leben für die arbeiten, die 1. durch einen Geschlechtsakt krank geworden sind (Aids-Hilfe), 2. für die, die alt und pflegebedürftig sind (Altersheim), und 3. will ich mich um Menschen in der Psychiatrie kümmern. - Mit all dem will ich wieder ausgleichen und gut machen, was Dir widerfahren ist. Schade, dass ich es nicht für Dich persönlich tun konnte, aber ich widme es Dir und Du sollst auf mich stolz sein können. Ich will Dir beweisen, dass es auch gute Männer gibt."

VI
Dritte Unterstimme
(Pauke)

Lebensmuster aus früheren Inkarnationen

Dieses Kapitel mit seinen Berichten ist besonders heikel. Zugrunde liegt die Frage, ob, und wenn ja, welchen Sinn es macht, dass jemand in diese oder jene Situation hineingeboren worden ist. Nach allgemeiner Auffassung kann man ja nichts für seine Eltern und sein erstes Umfeld. Unterstellt man aber, dass jeder - wie manche Traditionen es behaupten - ein Karma aus früheren Leben in sich trägt, dann könnten der Ort, der Stand und die Umstände unserer Geburt in der Konsequenz jener früheren Leben liegen. Wir könnten also doch dafür.

Wir müssten uns also nochmals als viel weitreichender vorherbestimmt sehen, als wir bisher und nach den Einsichten der vorigen Kapitel gedacht hatten.

Die Lehre vom Karma enthält zwei wesentliche Aspekte: Der eine ist das Prinzip des Ausgleichs: Es bedeutet, dass jeder in seinen späteren Leben die Früchte seiner früheren Leben erntet. Im Guten wie im Bösen. Was er an Schuld auf sich geladen hat, muss er wieder gut machen. Was er an Gutem erworben hat, wird zu seinem „Startkapital“ in einem späteren Leben.

Der andere Aspekt ist die Notwendigkeit vieler Leben, um alle die Erfahrungen, die zur Vervollkommnung der eigenen Seele erforderlich sind, machen zu können. In zahlreichen esoterischen Quellen wird dementsprechend behauptet, die Seele suche sich bereits im Jenseits aus, bei welchen Eltern sie geboren werden wolle, und wo sie die für ihre Entwicklung notwendigen und wertvollsten Erfahrungen machen könne. Diese Auffassung ist nicht weit von der christlichen Lehre entfernt, dass Gott den Menschen auf die Erde stellt, um ihn zu prüfen und ihn sich der ewigen Glückseligkeit als wert erweisen zu lassen. Der hauptsächliche Unterschied liegt darin, dass in der christlichen Auffassung diese Prüfung nur einmal geschieht, während die meisten esoterischen Traditionen und Erfahrungsberichte davon ausgehen, dass die Seele auf dem Weg zur Erleuchtung viele Leben in unterschiedlichen Existenzformen durchreisen muss.

Ich kann nicht behaupten, dass es wirklich so ist. Ich bin mir noch nicht sicher darüber. Was ich aber feststellen kann, ist, dass die bisher an vielen Beispielen gezeigten unterschiedlichen Ebenen dem Alltagsbewusstsein so fremd sind, dass allein die Fremdheit der Vorstellung früherer Inkarnationen niemanden mehr abschrecken sollte, sie für möglich zu halten. Wenn man sie auf der Basis sinnvoller Indizien als eine weitere Betrachtungsebene in Erwägung zieht, so eröffnen sich darin wieder ganz neue Sinndimensionen von Schicksalen.

Anhand einiger Beispiele will ich im Folgenden zeigen, wie man vom Blickwinkel einer Reinkarnations-Ebene Schicksale noch einmal anders betrachten und entdecken kann. Da ich nicht von Glaubenssätzen ausgehe, sondern von dem, was ich an mir selbst und mit anderen erlebe und was mir andere als ihre Erlebnisse mitteilen, handelt es sich auch bei den folgenden Berichten um Erfahrungen, die mindestens als ernstzunehmende Hinweise auf eine weitere Dimension gelten können.

1.
Eine Botschaft von Drüben

Als ich Heinrich Deckstein kennenlernte, war ich 13 und er 52 Jahre alt. Da er mit unserem Pfarrer gut bekannt war, kam er auch mit uns Messdienern gelegentlich ins Gespräch. Mit seinen auffallend wachen und lebendigen Augen und mit seiner Gabe, spannend zu erzählen, war er ein angenehmer und interessanter Mensch. Häufig standen wir noch nach einem Gottesdienst zusammen und redeten über Gott und die Welt. Eines Tages kamen wir auf das Sterben zu sprechen und er erzählte die Geschichte des heiligen Pfarrers von Ars, der einem Freund versprochen hatte, ihm nach seinem Tod zu erscheinen und ihm eine Botschaft aus dem Jenseits zu vermitteln. Ich sprang darauf an und äußerte den Wunsch, mit Jemandem die gleiche Absprache zu treffen. Heinrich Deckstein ging darauf ein und versprach mir als der viel Ältere, dass er mir am ersten Freitag nach seinem Tod erscheinen wolle. Er wolle mir aber nicht nur auf simple Art „hallo" sagen, und mir auch nicht nur mitteilen, dass es den lieben Gott tatsächlich gebe, er versprach vielmehr, mir eine Antwort auf eine Frage, die für mich wichtig sei, zu geben.

Im Laufe der Jahre begegneten wir uns nur unregelmäßig wieder. Es mag vorgekommen sein, dass wir uns drei bis vier Jahre nicht sahen. Jedesmal aber, wenn wir uns meist zufällig wieder trafen und ich ihn etwa mit: „Na, lebst Du auch noch?" begrüßte, erinnerte er mich daran, dass wir doch verabredet hätten, er werde mir am ersten Freitag nach seinem Tode erscheinen und mir eine Botschaft bringen. Er vergaß es nie und für mich war diese Verabredung mit so viel Spannung und Neugierde verbunden, dass ich auch immer wieder einmal daran dachte.

Achtzehn Jahre nach unserer ersten Begegnung - ich hatte ihn wieder seit langer Zeit nicht gesehen und nichts von ihm gehört - ging er morgens zur Frühmesse nach St. Gereon in Köln. Er setzte sich in die ersten Reihe. Die mehr als 20 Stufen, die vom Gemeinderaum zum Hochaltar führen, hatte er mir einmal erzählt, habe sein Kindheitspfarrer als „Aufgang zum Thronsaal Gottes“ gedeutet. Am Fuß dieser Treppe sitzend verließ dort während des Gottesdienstes seine Seele seinen Körper und stieg in den Thronsaal Gottes auf. Er starb ganz leicht und leise.

Zwei Tage später, es war ein Donnerstag, erfuhr ich „zufällig“ von seinem Tod. Sofort erinnerte ich mich seines Versprechens, und als ich abends zu Bett ging, war ich sehr gespannt, ob er seine Ankündigung wahr machen und mir tatsächlich erscheinen würde.

Am nächsten Morgen wachte ich auf und konnte mich an nichts erinnern. Ich war enttäuscht. Und ich musste mir eingestehen, dass ich auch nie ganz fest an eine solche Erscheinung geglaubt hatte. Während des Freitags geschah auch nichts und als ich am Abend gegen 23.30 Uhr ins Bett ging, war der Freitag vorüber, ehe ich eingeschlafen war. Es war also nichts gewesen.

Um drei Uhr nachts aber wurde ich dann durch einen sehr hellen und klaren Traum geweckt:

Heinrich Deckstein saß mit meiner Frau und mir am Esstisch in unserer alten Wohnung, in der er uns gelegentlich besucht hatte. Er saß zwischen uns an der Stirnseite des Tisches. Fasziniert sagte ich zu ihm: „Ich hatte gedacht, Du wärst gestorben." - „Ja, das bin ich auch." - „Ich fand deine Art zu sterben jedenfalls genial. Du bist da gestorben, wo du dich immer am liebsten aufgehalten hast, in der Kirche an den Stufen zum 'Thronsaal Gottes'. Wie hast du das nur gemacht?" Seine Antwort darauf lautete: „Übung! Ich bin schon tausendmal gestorben. Wie es von Jesus im Kirchenlied heißt: 'Dann ging er hin zu sterben', bin ich genau dahin gegangen, wo ich sterben wollte."

Dann verschwand er im Traum und ich erwachte. Seine Botschaft war von ihm als Erzkatholiken sehr überraschend und unerwartet. Daher beeindruckte sie mich umso mehr. Seit jenem Zeitpunkt bin ich offen für die Vorstellung von vielfacher Reinkarnation.

Heinrich Deckstein, den während seines Lebens viele für einen wunderlichen Kautz gehalten haben mochten, wurde für mich so zu einem Menschen, von dem der Satz der Bibel gilt: „Der Stein, den die Bauleute verworfen haben, ist zum Eckstein geworden."

Was mir vorab als Theorie bekannt gewesen war, eröffnete sich mir durch das Erlebnis mit ihm als ernst zu nehmende neue Betrachtungsdimension. Heinrich Deckstein wurde mir zu einem Eckstein einer erweiterten Weltsicht.

Auch für seinen Namen schien wieder zu gelten: „Nomen est omen."

2.
Wiederbegegnung

Zwei Wochen bevor ich Martin F. kennenlernte, hatte ich eine Therapeutin getroffen, die von sich sagte, sie verstehe etwas von Reinkarnationslehre. Sie sagte mir, ich sei vermutlich in einem meiner früheren Leben einmal Inquisitor gewesen. Da ich weiß, dass ich manchmal tatsächlich eine gewisse Strenge ausstrahle, hatte die Aussage jener Frau für mich zunächst kaum eine andere Bedeutung als ein Feedback. Meine Art wirkte auf sie halt irgendwie inquisitorisch.

Als ich Martin F. nun das erste Mal begegnete, empfand ich ihm gegenüber so viel Vertrautheit, dass ich scherzhaft sagte: „Mir kommt es so vor, als ob wir uns schon aus einem früheren Leben kennen würden." Martins spontane und unüberlegte Antwort war: „Ja, wer weiß, vielleicht kennen wir uns von der Inquisition."

Über einen so unerwarteten Volltreffer war ich einigermaßen schockiert. Ich wollte wissen, wie er darauf komme, aber er winkte nur ab: „Blödsinn, das fiel mir gerade nur so ein."

Wenn es aber so etwas wie Reinkarnation und Erinnerungsspuren an frühere Leben geben sollte, könnte ein Wiedererkennen auf genau solch eine spontan aufbrechende Weise geschehen. Vielleicht geschieht es sogar häufig, wenn man eine spontane Sympathie oder auch Antipathie empfindet, nur dass dann niemand dahinter so alte Erinnerungen vermutet.

Für mich war die so innerhalb von zwei Wochen von zwei mir und einander fremden Menschen eingefädelte „Inquisitionserfahrung“ wieder ein Initiationserlebnis für meinen Zugang zu Reinkarnationsvorstellungen.

Als ich einmal in einem Seminar von diesem Erlebnis erzählte, sagte ein Teilnehmer: „Vielleicht kennen wir uns ja auch von der Inquisition her.“ Ich versuchte kurz in mich hinein zu spüren, was ich dazu empfand, und antwortete ihm dann: „Dann wären Sie aber als Verfolgter auf der anderen Seite gewesen. Sie sehe ich in Südfrankreich bei den Katharrern oder Waldensern im dreizehnten Jahrhundert.“ Über meine Aussage war er höchst verblüfft und erzählte, dass er sich seit langem intensiv mit den Katharrern und Waldensern beschäftige und zu Hause schon eine kleine Bibliothek über sie zusammengetragen habe.

Was auch immer von Reinkarnationsgedanken in historischer Hinsicht zu halten sein mag, mir zeigen solche Erlebnisse, dass die Fragestellung geeignet ist, um intuitive Bilder zu Personen abzurufen, die tatsächlich mit diesem Menschen etwas zu tun haben.

Insofern ergibt sich die Möglichkeit gezielter Anwendung dieser Methode zur tieferen Selbsterkenntnis und Menschenkenntnis.

Im nächsten Bericht gebe ich entsprechend Bilder wieder, die ich bei der Erforschung meiner eigenen Vorvergangenheit entdecken konnte. Im übernächsten teile ich dann ein Beispiel mit, wie mir durch die Frage nach dem früheren Leben eines Klienten eine erstaunlich treffende Wahrnehmung seiner gegenwärtigen Persönlichkeitsstruktur gelang.

3.
Die Lebensaufgabe

Auf der Suche nach dem Sinn und der Aufgabe meines Lebens habe ich einen Weg in die Zukunft gewählt, der über die Vergangenheit führt. Ich habe in den Tiefen meiner Seele nach Spuren von Erfahrungen geforscht, die mich bis heute prägen und die mein Schicksal kennzeichnen. Ich habe dabei versucht, die Schwelle der Erfahrungen dieses Lebens zu überspringen und eventuell vorhandenes Wissen meiner Seele aus früheren Inkarnationen aufzuspüren.

Ich habe dazu an mehreren Rückführungen teilgenommen, bei denen ich mich in Entspannung und unter Anleitung eines Reinkarnationstherapeuten mit aus meinem Unterbewusstsein auftauchenden Bildern auseinander gesetzt habe.

In einer Rückführung sah ich mich im England König Heinrichs des VIII. In London am Tower war ich als Henker angestellt. Was trieb mich neben meinem anderen bürgerlichen Leben dazu, mich gelegentlich des Nachts zu solch einem blutigen Handwerk herzugeben? Nein, es war nicht Mordlust und niedrige Begier sondern das Gefühl der Verantwortung für ein edles und reines Gemeinwesen. Ich wollte daran mitarbeiten, den großen Fluss des Gesetzes reinzuhalten von allen Brunnenvergiftern und Feinden des Königs. Ich kämpfte für die Reinheit. - Die Frau, die heute meine Mutter ist, bestärkte mich damals darin und stachelte mich zu einem heftigeren Eifer an. Als der Kanzler des Königs geköpft werden sollte, flehte mich seine Tochter um Gnade an. Ich wies sie ab und richtete ihren Vater hin. Sie ist heute meine Frau und ich kann ihrem ältesten Kinde den Vater ersetzen, den ich ihr nahm.

Meine Mutter hat im Gegensatz zu damals in meinem heutigen Leben die Rolle übernommen, mich zu bremsen wo immer sie konnte. Ein Freund, der mich damals zur Mäßigung anhalten wollte, war diesmal mein Vater und konnte mich hüten. Als der König starb, wurde ich von seinem Nachfolger zum Tode verurteilt und selbst hingerichtet.

In einem Leben davor sah ich mich als Mönch in Radschasthan in Indien. Der König hatte ein Gesetz erlassen, mit dem er die Armen noch mehr unterdrückte und knechtete. Ich protestierte dagegen und ging auf die Straße. Ich wiegelte das Volk zum Widerstand auf. Der König ließ mich verhaften und stellte mich unter Hausarrest. Dort schrieb ich heimlich ein Buch und nur durch eine Dienerin gelang es mir, die Schrift nach draußen zu schmuggeln, so dass sie dort abgeschrieben und zu wehendem Geist werden konnte. Die damals meine Dienerin war, habe ich in diesem Leben zur Frau genommen. Aus schweigendem Protest gegen die Maßnahmen des Königs verweigerte ich das Essen und hungerte. Ich hungerte für Recht und Freiheit. Schweigend legte ich Zeugnis ab für die Unbezwingbarkeit der Freiheit. Mein Tod wurde zum Symbol des Widerstands gegen den König. Meine Frau, die mich damals verraten hat, hat in diesem Leben die Chance, es als Mutter an mir wieder gut zu machen.

In einem weiteren Leben davor sah ich mich im Mittelalter als Schäfer mit einer Herde Schafe in Le Puy in Frankreich. In diesem Ort ragt ein steiler hoher Felsenberg aus der Ebene, auf dessen Gipfel eine Kirche steht. Als Schäfer umstreifte ich mit meiner Herde die Gegend um diesen Berg und suchte des Nachts Zuflucht in einer Höhle am Fuße desselben. Ich galt allen als unbedeutender alter Mann, doch in Wirklichkeit war ich der Hüter des heiligen Berges. Von Zigeunern war ich eingeweiht worden in ihre Geheimlehren, ich kannte das Tarot und die Kabbala und war vertraut mit den Kräften der Erde. Während oben auf dem Berge Priester leere Rituale abhielten, ahnte niemand, dass ich in der Höhle der wirkliche Hüter der Kraftquelle in diesem Berg war. Ich verstand es, die Energie zu den Jahresfesten zu rufen und wieder zu bannen, durch sie den Berg in Vibration zu versetzen und damit dem ganzen Land Fruchtbarkeit zu verleihen, Tiere und Menschen mit der Kraft aus dem Schoß der Mutter Erde zu heilen, spirituelle Einweihungen und erhebende Energetisierungen zu vermitteln, gleichsam als heimlicher Magier diesen Ort rein zu halten und aus seiner Quelle zu schöpfen. Von den Zigeunern und in den Jahren meines Lebens am Berge hatte ich tiefe Ehrfurcht vor der heilenden heiligen Lebenskraft aus dem Schoß der Mutter Erde gelernt und einmal im Jahr zog ich als Pilger den Serpentinenweg des Berges hoch. Ich ging, um die Allmacht des Schöpfers in der Gestalt des in unscheinbaren Windeln liegenden Christuskindes anzubeten. So lebte ich viele Jahre. Mit einem Mädchen aus dem Ort, das mir immer wieder aus eigenem Antrieb zu essen brachte, fühlte ich mich von Herzen verbunden, doch der große Altersunterschied zwischen ihr und mir, sie war noch ein Kind und ich schon ein Greis, war unüberwindbare Hürde für eine Zuneigung, die mehr als väterlich hätte sein können. Endlich in meinem heutigen Leben konnte ich ihr als Gleichaltriger begegnen und sie zur Frau nehmen.

Nach all diesen Bildern stellten sich Fragen. Welches Erbe habe ich aus diesen verschiedenen Leben mit in mein heutiges gebracht? Was bedeuten sie mir und was kann ich aus diesen Bildern für mich entnehmen? Wie prägen mich diese Vorerfahrungen für heute? Die Antworten auf diese Fragen war für mich erstaunlich leicht abrufbar:

Als Henker lernte ich Härte und Konsequenz. Als Mönch lernte ich Reinheit, Disziplin und das Ertragen der Einsamkeit. Als Schäfer erfuhr ich auch Einsamkeit, erlebte das Heilige und lernte die Ehrfurcht vor ihm.

Für mein heutiges Leben sehe ich die Bedeutung dieser drei früheren Leben so: Nachdem ich als Schäfer lebendige Erfahrung mit den heiligen Kräften des Himmels und der Erde gemacht hatte und aus dieser Erfahrung bereit geworden war zur Anbetung des Höchsten, habe ich mich als Mönch um des höchsten Willen selber getötet. Als Henker hingegen habe ich um der Reinheit eines Rechts willen, das ich als das Höchste ansah, andere getötet.

Nachdem ich diese beiden extremen Pole des Tötens hinter mir habe, bin ich nun in diesem Leben dazu berufen, dem Höchsten zu dienen, indem ich lerne zu leben. Als Diener des Lebens und Hüter des Lebendigen liegt meine Aufgabe darin, das Leben in mir und in allen, die mir begegnen und anvertraut sind, zu fördern. Aus meiner damaligen Härte heraus bin ich heute zum Leben berufen. Ich bin Leben, ich darf leben, ich soll leben.

4.
Der Soldat

Ein Versuch mit Bildern aus früheren Leben aktiv mit einem Klienten zu arbeiten, verlief auf folgende Weise:

Ich hatte bei einer Beratung einen Mann gegenüber sitzen, den ich seit vielen Jahren gut kannte, und mit dem ich mir erlauben konnte, etwas zu experimentieren. Während er mir sein aktuelles Problem schilderte, fragte ich mich: „Was mag er in einem früheren Leben gewesen sein?" Sofort schoss mir eine Antwort durch den Kopf: „Soldat im Dreißigjährigen Krieg." Da ich nun überhaupt keinen Anhaltspunkt dafür hatte, verwarf ich diese Idee wieder und dachte mir: „Na, nun spinn mal nicht und hör wieder sorgfältiger zu!" Im nächsten Moment griff er nach seiner randvollen Kaffeetasse und sagte, während er sie zum Mund ballancierte: „Das ist aber ein schwieriges *Manöver*." Innerlich grinste ich, denn ich hörte gerade den Soldaten sprechen. Dann fuhr er fort über seine berufliche Situation zu sprechen und bezeichnete im nächsten Satz seine Sekretärin als einen rechten *Dragoner*. Als ich dann wenige Sätze später von ihm noch hörte, dass eine bestimmte Aktion wie eine *Granate* eingeschlagen sei, wusste ich, dass mein Soldatenbild mich als solches nicht getäuscht hatte. Ich hatte hier tatsächlich einen Soldaten vor mir sitzen.

Offen blieb natürlich, ob ich tatsächlich etwas wahrgenommen hatte, was in einem früheren Leben stattgefunden hatte, oder ob ich mit meiner ersten Frage seinen von mir zuvor nur unterschwellig wahrgenommenen Hang zu Begriffen aus der Militärwelt bildhaft visualisiert hatte. Im weiteren Gespräch tauchten dann bei aufmerksamer Betrachtung noch eine Menge solcher martialischen Begriffe auf.

Obwohl er selbst in diesem Leben keinen Militärdienst gemacht hatte, mag ein Jargon seines Vaters oder Großvaters oder von Bekannten aus seiner Umgebung ihn in dieser Richtung geprägt haben. Das ist die naheliegendste Erklärung. Andererseits aber würden Spuren aus einem früheren Leben vermutlich so ähnlich aussehen.

Mittlerweile habe ich mir öfter bei anderen Personen die Frage nach deren Existenzform in einem früheren Leben gestellt. Die Bilder, die mir intuitiv dazu kommen, kann ich als durchaus brauchbar für eine tiefere Charaktererkenntnis bezeichnen. Es läßt sich also mittels der Frage nach Bildern aus früheren Leben Verborgenes sichtbar machen.

5.
Wiedergutmachung

Zum Schluß möchte ich nun noch abschließend schildern, was sich über den karmischen Hintergrund meiner Tätigkeit als Seminarleiter bei einer Reinkarnations-Sitzung erfuhr.

Eine Rückführung brachte mich ins Jahr 1917 nach St. Petersburg und zwar auf eine Massenkundgebung, bei der Lenin eine Rede hielt. Ich war so fasziniert von ihm, dass ich mich ihm nachher sofort zur Unterstützung der Revolution zur Verfügung stellte. Er nahm nicht sonderlich Notiz von mir, aber veranlasste doch, dass ich die Aufsicht über ein Provinzgefängnis übernehmen konnte. Voller Begeisterung und Überzeugung, dort etwas Gutes im Sinne der Revolution beitragen zu können, übernahm ich die neue Aufgabe. Ich stellte mir vor, die dort inhaftierten Gegner der Revolution von den neuen Ideen überzeugen zu können. Doch weit gefehlt. Ich, der sich als „Vater der Gefangenen“ zu fühlen bereit gewesen wäre, musste bald erkennen, dass die Verbitterung der Gefangenen zu groß war, als dass ich auch nur eine winzige Chance gehabt hätte, sie für die neuen Ideen zu gewinnen. Sie verweigerten sich total und sahen in mir nur den hassenswerten Gegner.

Aus Entäuschung darüber wurde ich selbst bitter und ließ meine Gefangenen das spüren. Ich wurde zu einem bösen, sadistischen Hasser meiner Häftlinge und die Gegnerschaft spitzte sich so zu, dass mir schließlich einer der Gefangenen, als ich an den vergitterten Zellen vorüberging, eine gebogene Drahtschlaufe um den Hals warf und mich damit erwürgte.

Als mein begleitender Therapeut mich am Ende der Sitzung fragte, was diese Erfahrung für mein heutiges Leben bedeute, blitzte mir spontan folgender Gedanke durch den Kopf: Alle, die damals als Gefangene im Gefängnis bei mir waren, haben jetzt die Chance als Teilnehmer durch meine Seminare zu gehen. Meine Überzeugungsfähigkeit ist diesmal größer und ich habe die Aufgabe, den Menschen, deren Lebensmöglichkeiten ich damals beeinträchtigt habe, dieses Mal aktive Unterstützung für ihr Leben zu geben.

Darüber hinaus sehe ich auf einer anderen Ebene in diesen Bildern eine persönliche Aufgabestellung in diesem gegenwärtigen Leben symbolisiert: Ich soll in diesem Leben nicht länger Kerkermeister meiner eigenen Persönlichkeitsanteile sein (wie es mich eine strenge katholische Erziehung gelehrt hatte), sondern ihr Förderer und Unterstützer.

Auf noch einer weiteren Ebene bedeuten diese Bilder für mich auch, nicht zum Kerkermeister der mir nahestehenden Menschen zu werden, sondern sie frei zu lassen, zu unterstützen und zu fördern.

Zum Schluss

Wie steht es um die Freiheit des Menschen ?

Nach allem, was hier aufgeschrieben steht, wird sich manchem die Frage stellen, wie es nach all den hier mitgeteilten prägenden Faktoren noch möglich sein kann, von menschlicher Freiheit zu sprechen. Je tiefer die Gen-Forschung in die Erbfaktoren eindringt, desto weniger Freiraum scheint schon für die eigene Persönlichkeit übrig geblieben zu sein, und nun taucht auch noch die Erkenntnis auf, dass wir schicksalsmäßig viel tiefer und fester mit unseren Vorfahren und unserem Umfeld verstrickt sind, als wir bisher schon angenommen haben.

In der Tat ist es so, dass all diese Faktoren den persönlichen Freiheitsraum zu minimieren scheinen. Dennoch ist eine solche Betrachtung eindimensional. Die Chance zu größerer Freiheit liegt darin, all diese genetisch oder psychisch vorprägenden Faktoren von einer höheren Perspektive aus zu betrachten und sich dazu zu verhalten. Bei den meisten Menschen wird es tatsächlich so sein, dass sie alte Verstrickungen mit dem Schicksal anderer Familienmitglieder niemals erkennen werden und darum lebenslänglich durch dieses alte Schicksal in ihrem eigenen Leben geknebelt und unfrei herumlaufen. Sobald aber die Einsich in solche Zusammenhänge einsetzt, und deren Wirkungen nicht mehr nur innerlich unbewusst ablaufen, ist es möglich, einzugreifen, sich aus alten Verstrickungen zu lösen und davon frei zu werden.

Totale *Freiheit* ist eine Illusion. Wir waren nie frei und wir werden es niemals völlig sein. *Befreiung* dagegen ist eine Vision mit Erfolgsaussichten. Wir sind in der Lage uns von vielen Beeinträchtigungen und Fesseln zu befreien. „Persönlichkeits-*Entwicklung*“ heißt es ja. Wir müssen uns allerdings darum bemühen. Das ist ein wichtiger Satz, denn von alleine geschieht wenig. Auch bei chemischen Prozessen braucht es oft eine „Aktivierungsenergie“, bevor sie in Gang kommen und dann von alleine weiter laufen. Befreiung verlangt eigene Aktivität. Wer sie nicht aufbringt, bleibt in seinem alten Zustand. In der „Internationale“ heißt es: „Es rettet uns kein höh’res Wesen, kein Gott, kein Kaiser, kein Tribun. Uns aus den Ketten zu erlösen, können nur wir selber tun!“ Man sollte heute hinzufügen, dass uns auch kein Arzt oder Therapeut retten kann. Niemand scheint wirklich etwas für einen anderen tun zu können, außer ihm zu zeigen, was er selbst tun kann, und wie er es tun kann. Tun muss er es dann selber.

Freiheit ist insofern immer eine persönliche Aufgabe der eigenen Selbstverwirklichung. Selbst-Bewusstsein entsteht über den Weg der Bildung von zunehmender Bewusstheit über sich selbst und dadurch, dass man lernt, *selbst bewusst*er zu *sein*. Und das ist dann schon ein hoher Grad an Freiheit.

Das, was man „Seele“ nennt, ist unser Potential und unsere Triebkraft zur Befreiung. Unsere Seele drängt uns dahin. Aus ihr entspringen unsere entsprechenden Träume, Hoffnungen und Visionen. Unsere Seele ist zwar auf die in hier dargestellten vielfältigen Weisen in die Bindungen der Welt verstrickt aber zur Freiheit berufen. Möge dieses Buch zur Befreiung und Würdigung vieler gebundener Seelen beitragen.

Register

Um das Auffinden von Berichten, in denen bestimmte Symptome, Krankheitsbilder, Ereignistypen, Schicksalsmuster oder psychische Konstellationen eine Rolle spielen, zu erleichtern, ist hier ein Register angefügt.

Dr. phil. Winfried Prost,

geboren am 10. März 1956 in Köln, ist in der vierten Generation Pädagoge. Seit 1980 führt er als Persönlichkeitsentwickler Seminare und Einzelcoachings für Führungskräfte durch. Er ist selbständig und leitet die Akademie für Ganzheitliche Führung in Köln. Er ist verheiratet und hat vier Kinder. Weitere Veröffentlichungen von ihm sind:

Führe Dich Selbst! Die eigene Lebensenergie als Kraftquelle nutzen, 182 Seiten

Mit Dialektik überzeugen Wie Sie Gespräche und Verhandlungen optimieren, 204 Seiten

Rhetorik + Persönlichkeit Wie Sie selbstsicher und charismatisch auftreten, 169 Seiten

Glasperlenspiele Verborgenem Wissen auf der Spur, Reise zum tieferen Sinn unserer Worte, 100 Seiten

Manipulieren und Überzeugen Unterschwellige Beeinflussung erkennen, einsetzen oder abwehren, 158 Seiten

Splitter vom Stein der Weisen, Eine Sammlung von Aphorismen und Weisheiten, 126 Seiten

Dr. Winfried Prost
Remagener Straße 3, 50968 Köln-Marienburg
Tel.: 0221 / 38 16 65, Fax: 0221 / 38 29 13
www.winfried-prost.de, E-Mail: kontakt@winfried-prost.de